讓天賦飛翔

放對位置，就是追夢天才

游乾桂

目錄

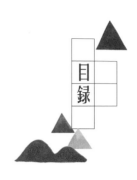

作者序
有本事就有夢想

書房裡的檯燈一早便亮著，我悠遊於春秋戰國的經典之中，意外理得藏著的教育思想，精采無比，一點都不遜於現代，甚至有過之。

孔子主張術業有專攻，「吾不如老農」、「吾不如老圃」的想法與德國教育哲學裡的「每個人都一樣好」不謀而合，異曲同工。他進而認為樂在工作才是王道，所以文章裡提及：「知之者，不如好之者；好之者，不如樂之者。」

孟子是先知，早早提點人品的重要性，「高尚人格」與「態度」的培養是他的重要主張，堅信一個合格的人必須具備父子有親、君臣有義、夫婦有別、長幼有序、朋友有信、反求諸己、才德兼備、惻隱之心等等人倫道德情操，耳熟能詳的名言：「天將降大任於斯人也，必先苦其心志，勞其筋骨，餓其體膚，空乏其身，行拂亂其所為，所以動心忍性，增益其所不能。」而今讀來更是刻骨。

堅毅意志的培養是學習的必要，專心有恆也是關鍵，孟子舉兩位天才洋溢的圍棋高手為例，成就上有所差別的理由就是專心致志。

老子的教育思想很有高度，提早二千年點出「精神生活」的重要性，直指讀書的目的其實很單純，就是為了求取知識，但知識的真正用途不單單只是得到金錢，而是要換算成生活品質，否則很容易變成「錢奴」，而非「奴錢」的優雅生活家。

莊子的「無用之用」有味道極了，看似無用的東西，其實是有用的，每一樣物品都有其不同的妙點；好的木頭可以當高貴家具，但是扭曲的漂流木，一樣可以是好的藝術品，觀賞的角度不同，「用」與「無用」的標準也就大不相同。

孔孟的教育觀點比起目前我們熟知的國外優質教育哲學，一點也不遜色，甚且過之；老莊思想更挹注了美好生活的養分，猶勝歐美。

被津津樂道的芬蘭教育便自陳是「孔子教育」，根基在閱讀力，借的是孔子的「思、問、習」：重視思考，不懂就問，經常複習。複習的另一層意義便是閱讀。

芬蘭人把閱讀看成開心的事，在沙發上取出一本書就可以流連在文字的巧思之中，考試時想的是內容，而不會是如何得高分，前者會得真本事，後者則得了假學歷。芬蘭人不相信第一，但綜合起來的能力卻是第一，他們不愛考試，即使考試也僅供教學與父母參考，用來改進自己的教學方式用的。

「學了什麼是無意義的，重點是能用學到的東西做什麼。」

這觀點引人反思，芬蘭人在乎興趣的養成，而且是對人生有益的興趣，閱讀便在其中，百分之四十一的孩子有天天閱讀的習慣，這正是教育專家一再主張的「主動學習」，它能帶給人們開心，學習中如果藏了快樂，那種學習方可持久。

德國教育強調「每一個孩子都一樣好」，獨立個體本來就存在差異，不可能一模一樣；教育並非尋找相同，而是創造不同，每個人都有合適與不合適的地方，順著本性而為方是正途。

李安跳芭蕾、阿基師唱歌劇、吳寶春跳民族舞蹈、林懷民打NBA、嚴長壽當特技演員、吳季剛參加百米短跑，怎麼想都很怪，不是嗎？他們未必差勁，但一定不像。

魚在水中，鳥在青天，你應該一聽就懂，真正的教育大約就是這個意思而已。

「做到最好」是瑞士的教育主張，凡事都做到最好怎麼會不好？最好便「無可取代」，指的是在某個領域之中，沒有你是不行的！

教育的原理其實是共通的，沒有難度，真正困難之處在於「實踐」。知識不在書本裡，它只是媒介，引領我們到對的地方；它是一粒種籽，必須種在土中，還要澆水、施肥，才能擁有智慧。

美國富豪洛克菲勒對「合格的人」下過定義：具備解決問題的智慧、擁有優雅的人格，並且散發出樂在其中的態度。

嚴長壽講過一段小故事，當年力薦老闆送一位廚師留法的理由之一是，他會主動掃廁所，這是生活小事，卻是人生大事；阿基師在升任行政總主廚時也有一段秘辛，他被老闆刻意從客家部調往他完全不熟悉的川菜部，一度萌生辭意，但挺了過來，老闆才告知那是事先安排好的考驗。名醫靠的並非只是醫術，還要醫德，慈悲喜捨、利益眾生、華佗再世，才是受人敬重的理由，這是態度。章子怡為了演好《一代宗師》裡的宮二小姐，勤練三年的形意拳八卦掌；楊紫瓊拍攝《以愛之名：翁山蘇姬》時曾說：「她會的我都要會！」於是下苦功學習緬甸語；梅莉・史翠普為了演活柴契爾夫人，不知看過多少遍演講錄影帶。這些用心、執著就是態度。

老闆喜歡使用「態度良好」的年輕人，因為公司是一個群體，如同NBA球隊，五個人才能打好一場球，一個人拚命浪投，最多只能得到個人的光彩數據，獲選年度MVP，但球隊永遠贏不了總冠軍。

同理心、謙虛、主動、積極、樂觀、慈悲、人際關係、誠實、熱情、果敢與行動力是必要的人生元素，合起來叫作態度，少了它，成就的往往是利己者，很少能夠利人。

網路流傳一篇〈九十歲老人給年輕人的九句話〉，我非常喜歡，修改節錄下來。

一、不要奢望別人的經濟贊助，錢是他人努力的所得，未必夠用。（**學會給予**）

二、朋友幫你是善事，是道義；朋友不幫你也無可厚非，不該心懷怨尤！（**學會理解**）

三、獨立、堅強、快樂、幸福才是真正的財富，與自己休戚相關的只有自己。（**學會堅強**）

四、不要看貧富交朋友，億萬家財與身無分文根本沒差，別為了錢向人乞憐。（**學會志氣**）

五、經濟富裕的朋友往往是損友，只會帶人去吃喝玩樂，帶來複雜紛亂的世俗煩惱；精神富有的朋友常是益友，沒有美酒佳餚，但有田園野趣，山川海洋的自然美景。（**學會分辨**）

六、人生在世百年爾爾，沒有很長，所以要精采。（**學會珍惜**）

七、只要有了孩子，就要愛這個家，不管它多麼簡陋多麼寒冷，都有義務讓它溫馨！（**學會承擔**）

八、青春眨眼間即逝，歲月毀去容顏，但因而換得經驗，慢慢磨礪筋骨，如蚌中的沙光潤起來化成珍珠，光澤暈紅。（**學會成長**）

九、人生的不如意是很自然且天經地義，地球本來不是為某個人轉動，不要執著於擁有，

連我們都只是紅塵過客，與其想像未來會如何，不如過好每一個當下。（**學會放下**）

教育家杜威很早就主張：「教育是生活的過程，不是生活的全部。」他點出教育的真正目的：成為一個人、一位利益眾生的菩薩，希望每一個人都朝這個方向思考。

人生最美的事叫作「意義」，美國老布希總統就曾這樣說：「一個人要為國家服務過，人生才有意義。」學物理，被稱作臺灣經濟舵手的李國鼎應該吻合這個標準。為學與為官是兩回事，「當好官」比起「做政治家」更有意義，差異在於人生不該只是為了名位在爭，這樣太累；可是這句話沒有一定的歲月洗禮，人生經歷不夠豐富的人，也許未必可以理解。

讀書考試可能並非成名捷徑，科學家之中，除了愛因斯坦家喻戶曉外，還有誰？就連唯一拿過兩次諾貝爾物理學獎的約翰・巴丁，都沒幾個人知道，還不如女神卡卡咧。

人生百年，需要的其實不多，逼著我們瘋狂掠奪的其實是不切實際的想要，少了橫流的慾望，人生才會回歸美好；一個社會不該只有自己好，別人也要好，這樣方為「大同」。不是費盡心力讓自己高高在上才是好，而是找著合適的位置就好，生活不止財富，還得有快樂；人生不是一座錢坑，應該是一處桃花源，這才是教育裡最浪漫的真理！

這本書像「親子共讀書」，孩子還小時，父母先看，成為教育孩子的思想依循，孩子大一點能自行閱讀吸收，就由他自己咀嚼，它不是書，希望是伴你一生的夥伴。

游乾桂寫於閒閒居

附記—演講直達車

經紀公司的騙術，推陳出新，我應接不暇：

　　沒有兩萬元絕對不去。

　　沒有三百人一定不講。

哇哇，謊言一堆，我哪這麼大牌，真是冤枉，

他們瞎說的，勿信，演講的事請直接與我聯絡最保險。

如果你想找其他好講師，可以這麼做：

　　進他的個人臉書。

　　找出版過其書籍的出版社。

　　查查文官培訓所看看有無你需要的講師資料。

　　最後把去過你單位的好講師登錄成冊，以便傳承。

至於我，就請用書封摺口處的聯絡方式預約演講。

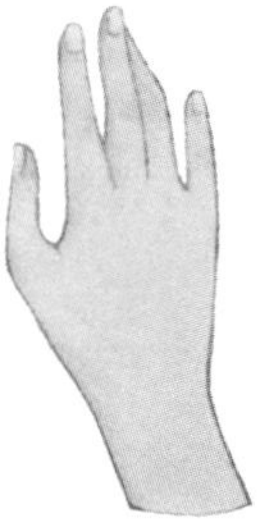

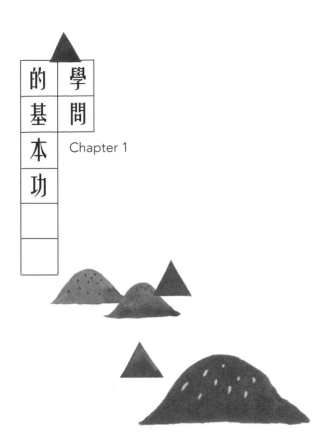

學問的基本功

Chapter 1

童年的美麗橋段之一是，躲在棉被裡，用「手電筒」微微的光芒閱讀「尪仔冊」的經驗，它接近漫畫書，是大人眼中會荼毒心靈的妖書，嚴格禁讀。「武俠小說」也在被禁的行列之中，可能怕我們學那老道，穿著仙服，背著長劍就上山修行去了。可是愈不准看，我們就愈想看，課堂裡無法看，乾脆躲進被窩裡偷看，家中原來用來防颱，唯一且珍貴無比的手電筒，便成為不可多得的照明器，我在被子裡練「武功」。

六大門派、八大門派、九大門派統統熟得很，倒背如流，少林派、武當派、峨嵋派、華山派、崑崙派、崆峒派各式武功招術也能說上幾段；這些原本被大人視為無用的知識，後來對我來說卻有著醍醐灌頂之效，至少讓我知道，要在某一個門派立足，練就「基本功」很重要，要過十八銅人陣，火烙鼎銘，才能出山行走江湖。

以輕功著稱的逍遙派，據說可以兩足一蹬起高躍遠，起如飛燕掠空，落如蜻蜓點水，著瓦不響，落地無聲，可是要練得此功就得從腳上扎著鐵塊練跑開始；少林寺的絕世武功般若掌、鐵頭功等等，必須從挑水打樁這些基本功做起；武當派以劍術聞名，舞劍之前必須先學呼吸吐納，因為劍術不止舞劍，還得使得上內力；唐門暗器的基本功夫是，先了解各式暗器的特性，用毒高手則要知道毒物的藥理與藥性。看來全部都很不容易，沒有三兩三無法上梁山，修煉是少不了的動作，這些門派裡講究的「基本功」與教育實在像極了。

我的確從未想過這些被窩裡的武林絕學，有一天會被我化用在教育理念之中。隨著歲月流淌，時光催熟，我對教育的理解逐日起了變化，深切明白，任何一種行業都是一座金字塔，想上到塔的尖端都非易事，必須做足功課，下過功夫，有充分的實力才行，這便是基本功。

「不做任何事，輕鬆便到彼岸」其實是天方夜譚，成就任何一件事伴行的永遠都是困難與辛苦，只有火候到了，機會才會到，那是一種曼妙的因緣。

「智者」有如一顆藏青色的翡翠，但在通透亮彩之前其實是璞玉，不琢不成器的，兩者差異以千里計。

阿拉伯有句諺語這麼說：「一個智者的一天抵得過愚者的一生。」

智者是翡翠，愚者就是等待琢磨的璞玉！

這些年來，我賣力演講，四處傳播，最想提倡的便是這些道理：每個人都一樣好，但要做到最好。

天生奇才是天方夜譚，一生之中能精通一樣事物便已算不錯，不要奢望過多。天分通常都不太可靠，努力最實在，一步只有一個腳印，而非一步登上天。知識的初始都是粗糙的，必須依靠去蕪存菁，方可看見光華，成為可用的真才實學，如此一來，難度就可想而知。

單靠才分依附而行的人下場都不算好，比方說《聊齋志異》的作者蒲松齡。

他早被公認天才洋溢，十九歲中秀才，但一生浮沉，舉人五試不第，五十三年後才補上一個貢生，懷才不遇與恃才傲物可能是罩門。他後來當私塾老師維持家計，但傲骨依舊，教不會的學生會被他退件。員外請他來當孩子家教講授四書五經，多月後問他孩子的資質如何？他的回答是八竅通了七竅。員外本來很高興的，但管家提醒主子蒲松齡的話中帶刺，暗指公子一竅不通，他就這樣再度被員外掃地出門。

人生彷彿有一條隱隱的線繫著，才分俱足的人常常恃才而驕未必努力，平凡的辛勤者則能補救才華之不足，兩者得兼者少之又少，優勢與劣勢並存。

學問之道其實無它，就是把不會的變會罷了，讓腦子裡的問號變身驚嘆號，樣樣皆行的只有超人。

貼心話：

後人為朱熹編纂的《朱子語類》中提及學問一事如做塔，從塔底寬處做起，慢慢延至塔尖；這就是所謂的下學而上達，下學是實學的基石。

博學：
求知過程中的必要

馬克吐溫說：「任何停止學習的人，都叫老人，不管他是二十歲還是八十歲；任何繼續學習的人，都能維持年輕的腦袋，這是最重要的。」

我查過很多名人故事，發現事實離此不遠，閱讀這件事在這些人身上的確像一生的夥伴，他們知道人是善忘的，必須孜孜不倦學習，讓知識有了更新，才能成就美好。讀過的東西藏進腦海中經過淘洗後通常保存不久，三十歲之後更往下坡處走，遺忘多過記憶；倒入知識之泉成了必要，書是其中最簡便的方式之一，養成閱讀習慣，無疑是找著一口活水源頭。

閱讀與考試是兩回事，讀書原本應該是開心的事，它是使人從無知變成有知的方略之一，只是人們老是為了看看孩子「會不會」而加以評量，有了對錯、勝負、輸贏，打造出虛假名校，這些登龍術讓孩子嘗盡苦頭，人生因而悲哀。閱讀的目的旨在讓自己可用的百寶箱裡添得更多的素材，有朝一日真的能派上用場的東西，不要遺憾著書到用時方恨少而已。

人是會開悟的，隨著歲月催化總會慢慢明白，就一次考試嘛怎麼可能決定一生，怕的是體會俱足時，往往已經遲到。閱讀的體會也是如此，原本以為一本書等於一本書，彷佛錦囊，其實可能只藏了一句話、一個哲思或者座右銘，不多但管用，經過消化成了受用的魔法。可惜一本書能給的不多，所以一本是不夠的，可能要百本、千本！

博學很重要，它能提供一處飽滿的資料庫，分類齊全，隨時可以提取。

我的想法受北宋卓越的科學家沈括影響很大，這個人曾被英國劍橋大學教授李約瑟博士稱為「中國科學史上最奇特的人物」，以博學多才，廣記博聞見長，天文、數學、曆法、地理、物理、生物、醫藥、文學、史學、音樂等，無所不曉。

日本科學家三上義夫曾說：「沈括這樣的人物，在全世界科學史上與他一樣的一個都找不到。我把沈括稱作中國科學家的模範人物或思想人物。」

他的《夢溪筆談》肯定是博學的結晶，原本有三十卷，現在流傳的版本都是二十六卷，分成辨證、樂律、權智、藝文、技藝、器用、藥議等十七目，共計六百零九條，是沈括畢生科學研究的結晶，豐富的內容猶如一本古代社會文化的百科全書。

博學者相信每一種學問都有其不同的思維門道，但卻又萬法歸宗，如同武術一般，方法不同，但哲思同。我因而學習沈括的博學，依著他的路涉入專業之外的閱讀歷程，從與心理學相近的哲學、佛學入門，跨領域進到人類學、文化學、民俗學、醫學、科學、歷史、文學等等，愈讀愈覺得進到大觀園裡，有取之不盡的寶藏。單純口訣是不成的，還得實踐，我試著讓學問能用，並且讓它們揉合交集，真的發現能用與好用。

閱讀不可能有捷徑，一步就一腳印而已，而且辛苦。魯迅的閱讀出了名，大陸的冬天異常寒冷，為了求知他吃辣椒驅寒，每當讀書感覺到寒冷時，便把它放在嘴裡嚼一嚼，直辣得額頭冒汗，這是魯迅先生獨特的驅除嚴寒閱讀法，目的是多讀一點書。

三〇年代著名的作家聞一多愛看書反而鬧出笑話。結婚那天，洞房裡張燈結綵、熱鬧非凡，大清早，親朋好友都來登門賀喜，迎親花轎快到家，卻還遍尋不著新郎。結果在書房裡找到他，一襲舊袍子，手裡仍捧著書讀到入迷。

錢鍾書是才子，但才華不是天生的，這可以從他的清大入學考試數學只有十五分得到證明。酷愛閱讀才是迷人所在，連冷天泡腳，也會利用時間讀書，充實知識的深度與廣度，因而創作出著名的長篇小說《圍城》，如此精神寫下的作品會得到好評不難理解。

華羅庚是著名數學家，但閱讀的書卻不止是數學，方法也與眾不同，拿到一本書不是翻開閱讀，而是對著書思考一會，然後閉目靜思。他會猜想書的謀篇布局，斟酌完畢再打開書，如果作者的思路與他猜想的一致，他就不再讀了。這種讀法不僅節省讀書時間，而且培養了他的思維能力和想像力。

梁從誡是梁思成與林徽音的兒子，他在演講中提及，林徽音並不講大野狼、白雪公主之類的床邊童話故事；從小就篤定要讓他們得到寬闊視野，自己當老師開講米開朗基羅的建築與藝術欣賞，這株小小的芽，後來奠定他們日後在這方面人文教育的深厚素養。

博學初期可以毫無限制雜讀，但到了一定年紀，時間漸漸不敷使用，閱讀經典便是一種必要；與其讀一些毫無意義的書，不如下功夫，保本打底，讓自己更有根基。洛克菲勒這樣形容閱讀：「書中的寶藏遠比金銀島上或者加勒比海海底，由海盜所藏的珠寶還多；更重要的是，生活之中你可以無時無刻享用它。」

但他強調「讀書千萬別以數量衡量」，並且建議多讀一些有「思想」的書，最好能讓人一輩子受用的。

博學的「學」指的未必都是書，例如海明威在進行文學創作的同時，還花若干時間從繪畫、音樂中吸取養分，他不僅讀莎士比亞的劇作和其他著名文學家的作品，連莫札特、高更、謝勒的作品，都可琅琅上口。他向畫家學到的東西跟向文學家學到的東西一樣多，由此可見，藝術對文學是有助益的，自然界的事物環環相扣，一事與另一件事可能相關，這就是博學的意義。

荀慧生說：「只有廣泛的得到效益，自己才能兼容並蓄，融會貫通，然後才能獨創一格。」閱讀與成就的相關性非常緊密，李安的電影被評為「很有深度的作品」，與閱讀脫不了關係，它讓電影成為人生哲學。林懷民的舞蹈作品之所以有味道，也與閱讀有關，《楚辭・九歌》讓他萃取出《九歌》這首舞作，「禪宗」讓他編出《狂草》、《竹夢》、《行草》等作，「佛學」變化出《水月》，這些都是經由閱讀內化得出的哲思，少了閱讀可能一事無成。

美國著名發明家，被尊稱為「科學管理之父」的費雷德里克・泰勒說過：「具有豐富知識和經驗的人，比只有一種知識和經驗的人更容易產生新的聯想和獨到見解。」

如何達到博學的目的？

唯習慣而已。

我早難釐清為何早上醒來的第一件事便是到書房取書閱讀，應該就是習慣吧！它早融入我的生活步調之中，一天二十四小時之中的一個時間。

一天一小時的閱讀，一天看不出成效，一年可能也不成，但五年、十年就不一樣。假設一天在捷運上的時間是一小時，一週就有五小時，一個月就有二十二小時，長此以往便是非常驚人的閱讀量，日本人做得到這一點，我猜你也可以！

貼心話：

晚上七點到八點，關上電視，讓它成為家庭必備的「閱讀時間」，讀什麼都好，久而久之必成習慣，種下一粒智慧的善種籽。

審問：最快的成長方法

博士的有機農夫好友，有一天邀他到一手辛勤打造的農場度假，青山綠水景致優美，令人心曠神怡極了。傍晚一塊結伴到附近的池塘釣魚，唯一的一座廁所建在池子對岸，踏湖前去直走不遠，但繞過它的話路途可不近，其中還得穿過一個半人高的蘆葦草地，並不方便行走，博士心想萬一尿急怎麼過去彼岸？果真下竿沒多久，農夫便說要去上廁所，請他幫忙看住釣竿，起身踩起高筒雨鞋便往水中走去，躂躂躂的，貼水如飛很快就到對岸。

「嘿嘿，奇咧！這不就是武俠小說裡的輕功水上漂嗎？」

博士瞪眼張嘴滿臉狐疑難以置信眼前的一切，說時遲那時快，農夫又漂回來繼續垂釣。怪怪，怎麼回事？心中狐疑卻不敢張口去問。

博士後來也想上廁所，卻不敢問，憋了半天後，心中一想這水裡必有玄機掉不下去的吧？便學農夫往水中走去，撲通一聲，立刻栽進水裡。

農夫眼明手快把人救上岸，笑他：「為什麼不問？」

原來池塘裡有兩排木樁，這些天下雨，水漲上了木頭。

農夫知道這木樁的位置，閉上眼都能踩過去，可是博士不成。

農夫開了博士一個玩笑，說那是讀書人的毛病，老是自以為是，不敢問。只是不問，怎麼會知？

問有時不止是問，它是得，懂得問的人可以悄悄偷走他人多年累積的經驗，如此一來，便可以少走很多冤枉路。

林太乙愛問她的父親文學大師林語堂：「為什麼？」他的回答總是：「不知道，去查書。」

問與查之間建構很多智慧，讓她受益良多；有時候問未必要得到答案，但可以得到方法，林太乙相信知識不必都記在腦子裡，它藏在百科全書之中。

問不止張開口去問，也可能只是存於腦海之中的疑問，借由它引動出答案。

根據牛頓的萬有引力定律，東西是會由上往下墜落的，但為什麼浩瀚宇宙裡那麼多的星球除了流星之外，沒有一顆星往下墜落的？愛因斯坦有過這樣的疑問，所以提出著名的「相對論」，重新定義星球間的關係。

愛因斯坦可能未必全對，不同意無妨，有疑惑就請提出來並且證明之，這才是為學之道。

哥白尼之前的宇宙論是「地球中心說」，但他有所疑義，直說應該是「太陽中心論」，因而改變了那個時代人類對宇宙的認識，卻也動搖歐洲中世紀宗教神學的理論基礎。由於時代知識的侷限，哥白尼並未有大幅度的思想躍進，只是把宇宙的中心從地球移到太陽，並沒有放棄宇宙中心論和宇宙有限論；而今看來，哥白尼的觀點並不完全正確，但是這一小步提出的理論，確實給人類的未來帶來巨大變革。

亞里士多德是大師級的哲學物理學家，他提出不同重量物體下落速度不同的論點行之有年，這套均速理論，從未有人存疑。但是伽利略有疑義，他的實驗結果證明物體在引力的持久影響下是不均速運動，每次經過一定時間，在速度上就會有所增加。

伽利略如果不是一個凡事有疑之人，就不可能打破亞里士多德的謬誤，疑問與解決問題是同等重要，三合一的事情。

「善問者，如攻堅木，先其易者，後其節目，及其久也，相說以解；不善問者反此。」《禮記・學記》的這段話幫「善問」做了完美註解，善待問者真的如撞鐘，扣之以小者則小鳴，扣之以大者則大鳴。

這就是進學之道吧。

「問與知」也是相應的，問得愈多，得到的知識學問也就愈豐富。

貼心話：

「為什麼」、「怎麼辦」、「接下來」、「還有嗎」、「不知道咧，你來想一想」請讓這些話成為你們家的提問口訣，它將會是孩子累積知識的新法寶。

慎思：

凡事多想一想

英國李約瑟教授說，元代之前全世界半數以上的發明源於中國，包括造船技術、多級火箭、水下魚雷、毒氣、槍炮、降落傘、載人飛機、蒸汽機等數百種，這些看似西方的發明，其實全源於中國。

當西方人向清朝皇帝展示機械鐘時，金鑾殿上的群臣嘆服不已，卻忘了機械鐘的真正發明人是東漢的張衡，他的渾天儀到現今這個科技如此發達的年代，依舊是個不可多得的作品。

我們所知的圓周率是由韋達提出，但祖沖之比這個歐洲人早一千多年便在書中記錄，所以又叫作「祖率」；可惜的是，我們只把它當成演算，但別人把它用在音樂、天文與科技等等，成就了差異。

本名華旉的華佗因為醫術高明，被人比擬為印度藥神，「藥」的天竺語與「華佗」音近，故被稱作華陀。替關羽刮骨療箭傷的故事，說明他的醫術高明與神奇，他發明天然麻醉劑——麻沸散，替人剖腹切除壞掉的脾臟，縫合塗上生肌藥膏便痊癒，這種了不起的醫術是在一千七百年前發生的，遠遠早於西方。究竟為何這些原本我們領先的學問技術後來全拱手讓人？

書中說明，西方很多發明與發現都是十五世紀從東方的中國學到，這意謂著，華人的原創力令人刮目相看，但缺少深化這些發明的制度與接續的方法，很多偉大研究只能定格在一個人或者一個年代，靈光閃過卻難以再上層樓；其中的差異可能就在「思考力」的培養，少了這股源源不絕的活泉，這些能力便注定只能曇花一現。

我們的教育已有一段很長的時間停留在「學到什麼」的低階思維之中，真正的好教育其實該教孩子的是「想到什麼？」

農業科技步入第二次「綠色革命」的年代，關鍵便在於多想一下。由於食安屢屢出問題，「有機」兩字成為很多人心中的關鍵詞，它是好的、優質的、放心的代名詞，相信能夠有效對抗農藥化肥帶來的摧殘，減少食物帶來的恐怖魅影。事實上要達到百分之百有機確有難度，甚至該說不可能，專家因而提出的新口號是「環境友善新農業」，研發出植原酵素、開根酵素、光合酵素、抑菌酵素、花粉酵素、耐氣候保護劑等等統合植物的營養源，這些將可適度減少農藥的使用量，並達到有機的效果，目前已廣泛使用在農漁牧上。

「生態工法」則是另一個新概念，利用生態鏈的觀念，讓動植物間取得生態平衡，創造牠們之間的「天敵共和國」，毛毛蟲、蚧殼、真菌、蚜蟲、雞母蟲等等會吃掉農人辛苦的結晶，但是白頭翁、綠繡眼可以幫農人解決大患，瓢蟲獵蚜蟲、螳螂捕蝗蟲，創造有意思的生物樂章，這樣栽植出來的食材便是無毒佳餚。

很多美妙的事物一直藏在生活中，多發揮一點思考力，腦筋再轉一圈，也許就可能有了發明，或者研發出一帖救命的藥！

教育不該只教死的知識，一直使用重複背誦的記憶力，腦袋裡裝滿三皇五帝的事。應該引導孩子思考，想想各種可能。

「貓受傷或者生病會自行尋找藥草療癒！」

這是一則小時候聽老一輩人講的故事，我會這樣聯想：

「牠找的是什麼類型的青草？」

「哪裡找到的？」

「草裡具有醫療效果的化學元素是什麼？」
「如何萃取？」
「可以移作人類使用嗎？」
這些是疑惑，也有可能是一種先進藥物被發現的先機！
收藏家愛不釋手的樹瘤或者樹癭，據說是樹木被細菌入侵所產生的防禦結晶，我也曾這樣聯想：其間的防衛機制是什麼？可否作為人類防癌的參考？
鷹式戰鬥機據說是觀察老鷹飛翔俯衝得到的靈感，中國很多武學招術，據稱都是從獸類的行為觀察創造出來，自然界確實藏了很多問題等著我們提問並且找出答案。
以上是我的狂想曲，旨在說明即使胡思亂想都有裨益，學問、智慧全藏在裡面，想通便是創意與發明。

貼心話：

「第二答案」、「第三答案」、「第四答案」，答案不止一個，愈多愈好，教育是教孩子成為發現者，不止是跟隨者。

明辨：判斷的能耐

一九二一年，沒有上過大學的大發明家愛迪生提出他的論點：「讀大學是沒用的！」

愛因斯坦聽到之後提出一番看法：「……不是那樣的，應該這樣說才對，只學實用知識的大學的確是沒有用的……因為書上的事是別人想過的，你再去讀只是拾人牙慧。上大學是為了學習思考的能力，這樣的大學便是有用的……」

愛因斯坦一向主張思考是一切之源，包括有人說他的物理只是狂想不是實證時，他的回應也是：「沒有狂想，就沒有以後的物理學家花時間去驗證這些狂想。」事實證明很多人的確利用他的「相對論」得到諾貝爾獎。

每一個階段的求知應該都有目的，小學理論上不該與大學相同，小學是打底，但大學，沒有一些基本的能耐是成不了事的。

報紙刊載過一則新聞，最易被詐騙的三種人，依序是老師（含教授）、醫師、泛公務人員，這些看來都是過往在學校裡以成績制勝的贏家，為何最容易上當呢？我弄懂一部分原因，他們欠缺的是「思辨能力」。

琅琅讀書聲，強調背誦、記憶，用分數勝出的觀點之下，思辨能力闕如，再加上在象牙塔待久了，隨便一個唬弄便上當。

思考力真的非常重要，它是讀書考試得不來的，我想邀你來辯證一些事，考考自己是否具備思辯的能耐？

外星人你信嗎？

信，理由呢？

沒有任何佐證資料就相信就是盲目，眼睛很容易騙人的，太多眼見的都不足以為憑。我相信有外星人！因為宇宙太大，沒有什麼不可能。

一千二百億個銀河系，每一座都有一千億至四千億個星體，地球只是其中一個，浩瀚之中，地球人可能並非唯一；但我們是否能在今生今世與外星人相遇我便存有疑問，一方面是我們的科技未達這樣的高標，很難主動找著外星生物，如果是他們具備快速游移的技術，我們與其之間的科技差距就非以千萬里計，想來實在可怕！

空間與時間有一定關係，距離愈遠飛行的時間愈久，除非外星人的時間是一種按扭轉換的技術。我不敢說不可能，畢竟遙控器切換電視台早是易如反掌，也許有一天，我們上火星只要幾秒鐘，但目前是不可能的。

隔空抓藥是由臺大某教授千辛萬苦熱情引進的，他深信不疑，認定人的潛能只開發百分之一，而超能力是未開發的百分之九十九；我並不完全否認這樣的潛能論，但得有科學證據，不能信口雌黃，隨便說說。隔空抓藥牽涉幾種科學障礙，首先是近在咫尺就藏著另一處隱密的空間，垂手可及，方便抓得到物品；二是愛因斯坦的物理必須否定再檢討；第三，藥非地球所有，具有獨特屬於外星球的元素。如果可以證實上述推論，隔空抓藥便是事實。

算命之學總有一批為數眾多的信仰者，加上電視台有意無意推波助瀾，已達愚民化程度，什麼事風水算命都可以軋一腳，他們彷佛是神，能辦案、會解厄、可招財。「命」與「運」常常被擺放一起思考，如果「命」是天定的，那就無法改變，人只能依著一定軌跡前行，如同火車必須在軌道行駛一樣，脫離它理論上便會發生事故。但人又說可以用「運」讓「命」脫離軌道，而且不是事故，叫它改「運」，這點便令人匪夷所思。

命是天給的，運是他給的，天的不用錢，但他給的要錢，算命的比上帝還大，竟敢改動祂的眉批？

一百塊錢的雜玉，隨意說說的幾句話便成了招財玉，賣五千元，也有人信？三盆一百的小盆栽擺在家中某位置就可以財源滾滾，盆栽送的，鐵口直斷要價八千元，信的人是信神術還是貪念妖術？

「天」這個字是很好的假借詞，因為知的人確實不多，所以很好利用，早年的信仰與皇帝都脫不了關係，利用神佛鞏固自己的地位；而今民智已開，怎麼與未開智時差不了太多，依舊缺少思辨的能力？

歷史是荒謬的，它常是史官的偽書，成者是英雄敗者是狗熊，可是成敗之間未必代表人品高低；依目前我所觀察的政治氛圍，贏的人多半是壞蛋，好人難出頭，講仁義禮智信，怎可能在處處奸計的政治圈中勝出？

古老的中國不是一個國家，附近有許許多多的小國，宋朝也不是唯一承繼唐朝的政權，一旁至少有大遼與西夏，另一頭還有大理小國，這些都是我在重讀歷史時慢慢釐清的。

當你愈懂歷史，愈是難受，很多革命未必是人民的聲音，它屬於政客的，我們是棋子，他們是下棋者，把人擺來擺去。史料中的革命，往往只是兩個貪婪者的遊戲，他們讓一個時代夢魘結束，但開始另一個時代的哀愁，其中夾雜「生靈塗炭」。心理學家研究點出：政治裡沒有政治家，只有政客。這可能是事實。

有了思辨能力，看起來可能比較透晰，不會笨到被迷惑得人云亦云。

房價是陷阱，我們常把高房價推給政府或者建商的炒作，其實我們才是幫凶。朋友講他家附近的房市價位更高了，喜孜孜的臉讓我有氣，真是笨呀；我們只是升斗小民，沒有三四棟房子，房價愈高，買賣之間的差距愈大，我們永遠是受害者。賣五百買七百，只差兩百，但賣一千五買二千，則差了五百，這數學不難，卻是讓很多人低估的錯誤。

思辨發生的場域常在日常生活這些小話題之中，每個人每天都會做出許多決定，如果有充分的智慧，做適當的思辨，差錯就會相對的減少。

思辨往往不止是思辨，它必須時時涵養充分的智慧，才有能耐精準思辨、圓融決定，這些真不是傳統上打開書本讀書就能辦到。

總之，務必把「思考」這件事變成生活的一種習慣，腦海之中不可以只有「信」或者「不信」這麼簡單的邏輯模式。

貼心話：

每一個問題都有正反兩面，請讓孩子說出自己的看法，沒有對錯，只有理由。很多事情，我都是這樣問孩子：「理由是什麼？」你也可以試試看。

篤行：實踐的力量

專業的形塑需時多久？

可能是「一輩子」，只有「做」才是王道。

二〇一四年以九十二歲高齡訪臺的精品咖啡教母娥娜，六歲開始學習品嘗咖啡，她用八十六年的歲月成就教母地位，她的咖啡功力是靠時間研磨的，不精進才怪。

建築師大師安藤忠雄的學歷是高職，當建築師之前的身分是家具店員工，以及為了生活拚命的搏擊選手；即使成績不賴，但也有被打趴的風險，如果一拳重擊頭部，後果很難預料。祖母是他的貴人，失意時告訴他：「只要堅持就有機會！」

他形容建築是一場無止息的戰鬥，應該與奶奶的鼓勵有關，相信只要努力，認真工作，就能闖出一片天。他實踐「腳的哲學」，周遊列國，覽盡世界的建築風華，成為建築界的奇葩；有人形容他的一生宛如一部電影，我來看便簡單多了，沒有如此神奇，就是做而已。

肯尼是位身障者，來過臺灣很多次，給了同樣有此遭遇的人很大的心靈力量。他出生就沒有下半身，用雙手當腳，別人輕而易舉就能完成的動作，他要一而再、再而三的一直練習，卻依舊能夠活出自在，反觀我們有何不可？足球、游泳等等他都能玩上一手，看來一般人能做到的事，他幾乎都能做到，日常生活的每一件事都要求自己來，非到不得已，絕不假手他人，那對手腳皆不便的他來說，多不容易呀！

但是他卻很有志氣的這麼說：「什麼事都自己來，不求人，那才是自由；必須求人，就是不自由。」他相信被別人當成肢體殘障，不是走不出困境的關鍵，自己把自己當作殘障才是麻煩所在。他咬緊牙關學好每一件事，其實沒有訣竅，就是「做」，而且從不喊苦。

一直做，永不放棄的人，肯定可以讓生命發光發熱。

幾米是我與家人喜歡的畫家，女兒喜歡他的畫風，我喜歡他的毅力與精神，克服糾纏的病魔，奇蹟似的痊癒。

生病的那段日子，如果幾米選擇自怨自艾，喪失勇氣，埋怨命運的殘酷，我想連活都是難題，何來後來的幾米旋風？他用不屈不撓的精神，相信「時間可以幫我們解決很多事」，頂過風險，把生命活得更精采。

因為這個與眾不同的經歷，讓他的畫中藏了不凡的人生義理，造就有意思的「幾米現象」，多部作品被改編為音樂劇、電視劇和電影，《微笑的魚》所改編的動畫片榮獲柏林影展特別獎。

有位從事高級音響生意的朋友帶給我醍醐灌頂的智慧，而這些「神思妙想」多數取自他某

些頂級富豪客戶的傳授，跟這些人聊天，最大的收穫是無償取得他們的人生大智，誠實、態度、肯做是他們共通的成就魔法。

誠實是品牌，有信用的人別人才會給下一次機會；欺瞞能做成一次生意，但不會是一輩子，誠實永遠是最好的謀略、管用的方法。

重視每一道細節，從不馬虎，不止關心利潤，這樣的人才會獲得共鳴，受人歡迎。使命必達是基本要求，客戶的要求，他只有一句：以客為尊。這麼有執行力的人怎麼可能把人生演得不好？

天下沒有白吃的午餐。任何一事，做好它都有相對的高難度，音樂家、導演、舞蹈家、大廚師、雕刻家、歌手，沒有一個行業可以簡單完成的，付出全副心力是一種必要。

Nike的廣告中有一句話是這麼說的：「Just do it.」意指做就對了，篤行的意義大約就是這個意思，做，而且做到好。

是的，「做」未必一定有什麼結果，但是如果「不做」一定不會有好結果。

貼心話：

人之所以能，是相信自己真的能。

精益求精

日本壽司是平凡的平民美食，海苔、醋飯與內容物的組合看似簡單，但要做到好吃，卻需要極大的熱忱和技術。它有門道，無論吃法與做法，都與茶道無異，是一門精緻的藝術。

《木口爺爺的壽司》一書中說：美味的壽司需要食材的配搭選擇與醋飯的調理配合，才能做得出年逾八十被稱作壽司爺爺木口的頂級味道。他的作品被譽為一輩子不可不吃的食物之一，評價五星級，咬下一口，覺得不虛此生。

「怎麼做到的？」

爺爺的回答是：「那是我一生的功課！」

「最好吃的壽司是哪一種？」

「還在試！我才八十歲哩。」

玩笑裡藏了玄機，「才八十歲」表示他想活一百歲，會再用二十年的時間找出最好的配料，到時候會有最好吃的。多出來的二十年，在我看來應該叫作「精益求精」。

「精益求精」四個字辭典上有解，精：完美、好；益：更加。

意思是好還要求更好。

如果連自己都要求這麼完美，怎麼可能會不好呢？

我認識一位小女孩，在她很小時就知道她喜歡畫畫，每一次畫完，都會在自己的作品前端詳很久，塗塗抹抹的。問她不是畫好了嗎？她總是回答：「還沒有。」

「為什麼？」

「我想它還可以更好！」

這個回答讓我預言她未來會是個好畫家，果真如是她的插畫一出手就贏得口碑，目前雖非一流，但我相信長此以往會是一流的。

波蘭著名鋼琴家帕德列夫斯基接受雜誌訪問，談及自己的成功之道：

「我認為不斷練習，才能夠精益求精，熟能生巧。」

記者狐疑：「可是你已經是大師，按理說不必要每天練習吧？」

鋼琴家打斷他的思路：「錯錯錯，一天不練琴，自己就會發覺分別所在；二天不練琴，樂評人便會發覺分別所在；三天不練琴，連聽眾都發覺分別所在，到那時才急忙補救，就太遲了。因此我堅持每天練習。」

大師說得有理，我非羽球選手，但非常喜歡這項運動，幾乎天天打球。三天不打便有些陌生，一星期不打，球不熟了；出國講學二星期回來，根本就不認識球，必須重新與它連結。

阿默蛋糕的企業格言高懸在我打球的球場上，橫幅上有一段話這樣寫：「把簡單做到更好！」另外一家美國企業的公司信條則是：「在這裡，一切都求完美。」

兩者合而為一，可能就是精益求精的完美詮釋。

精益求精有時更像成功者的最後一哩路，以為已經很棒，就放鬆下來，前功盡棄，多數人忽略了這一點。我認識一位商人，生意已經很不錯，在業界是第一把交椅，但他依舊會定期微服出巡，看看競爭對手有何特別的創意，並且出國認真考察，帶回新觀念，了解別人的物流管理。

我問他原因，他說，做了這些必要的工作之後，可能繼續坐穩第一，不做這些，也可能還是第一，但更有可能是第二或者第三。

草率行事與力求完美所花的時間一樣多，但結果卻大相逕庭。

貼心話：

只有一條路不要選，它叫放棄；只有一條路不能拒絕，它叫成長。

讓天賦飛翔

Chapter 2

公開出席的某些場合或者新書推薦會，我常被主持者要求說幾句鼓勵年輕人的話，這事令我迷惑，為何需要我的鼓勵，人生不是他的嗎？有我置喙的餘地嗎？生命的轉輪需要動能，而它的來處不在我而是他自己。魔力其實很簡單，只要「喜歡」、「有興趣」就會去做，如果工作不是自己喜歡的，能力不及的，我的鼓勵一點用也沒有。

大人的想法太過杞人憂天，以為孩子是牛，沒有鞭打走不動，事實上一般人都不會輕易「放棄」人生，除非遇上不可抗拒的外力。每個人都有夢想，很想美夢成真，都有天賦，希望它能自由飛翔，我們只要不出手干預，孩子便會往既定的目標前進。

專家認為成功的四大關鍵是孩子與生俱來的，端賴我們如何加以烘焙。

天賦：這是與生俱來的力量，人人有之，只是不同款式品名罷了。

熱情：只要走對路，做自己愛的事，熱情不太會減退。

機會：它是送給準備好的人，只要準備妥當，機會自會降臨，操心無益。

態度：最需要加持的只有態度，這是人為的，教育可以著力最深的地方。好的態度可以因而獲取更多的機會，得到更多的肯定，擁有更多的能量。

專家並非認為只要具備這四種美好的元素，人人皆可成為思考家、科學家、律師、教授、米其林大廚，或者得到諾貝爾獎，但至少可以利用這些天賦與熱情好好演妥自己的一條路。即使在路上遇到風雨，跌倒了、失敗了，也有足夠的能耐與勇氣拍拍灰塵再度站起，續演美好。

大人的最大問題其實只有一個，那叫「忽視天賦」，天生我才必有用講了千年，我們只當它是一句話來背，忘記它是真理與事實。孩子的確有他做不到的事，但也有他能做得很好的，做不來的本來就不該由他來做，他只能做他做得來的，如此義理，不是再簡單不過？可是我們依舊年年上演考試噩夢，一群人加上無知的媒體興風作浪，倡言「公平」，事實上「公平」往往夾帶私心，不是嗎？

教育是什麼？唯適性揚長而已，最後方可得到「真本事」，它不是學歷，而是一生的追尋；李國修讀世新專科、李安讀藝專、魏德聖在遠東工專求學，這些成就者都非就讀名校，卻適性依舊揚了才。

學習的本位是自己，態度才是一切，它是高度與遠見的來源，恃才而驕反而不是優點，而是缺點，如果他是ＮＢＡ的球星至多拿到年度ＭＶＰ，但不會帶領球隊奪冠。

態度的元素之中最重要的是「德」，少了它，未必益於社會，不要小看「斤斤計較」四個字，那會衍義成「私心」。有一天，習了醫未必會是仁醫華佗，而是愛錢的庸醫；當了化工專家，但只做塑化劑坑人；是老師未必把春風化雨當成志業，可能只把它當成過一天算一天的職業。

大人對於這些外界事物的反應，孩子全看在眼裡，那才是真的有影響，這叫「身教」，烙印之後會再一次用這種方式行之，那叫「輪迴」。如果大人想不通考試只是人生裡一次很小的經驗，占不到人生的百分之一，餘下的百分之九十九還有一大串的挫折、不公等著，又該如何跨越？

我們老愛說「菁英教育」，但何謂菁英？阿基師算嗎？還是非得名校畢業不可？這些基本觀念若是不改，教育無論如何改變，基本上都難免是一場災難！

貼心話：

教育不該是彎曲之後，再想方法把它恢復原狀的過程，那是最無謂的浪費。

飛翔的心

落日餘暉極美，射出豔紅色的光芒之後，緩緩從西方落下。我倫閒上了頂樓，啜飲著友人寄來的烏龍茶，飄著濃郁花的香，隨著茶入口、進喉，滑進腸胃之中；眼前是大地餘韻之美，手機忽而響起，一通來自華盛頓的電話喜悅的告知歸程，並邀我見面一敘，他是老友「凱」。

他的人生轉折極大，從別人眼中的無用變成有用之人，自卑化掉成為自信者，陰霾處透出光芒。大學他唸了體育科系，那是他的最愛與能勝任的事，能力的高點，但英數理化則非強項，成績常掛車尾，英文的二十六個字母差點背不完整；很難相信他有一天竟是留美去了英語系國度，取得運動科學方面的博士學位，現在也留在異鄉從事這方面的研究，人生轉折如此之大，令人咋舌。

「你在美國講英語還是談臺語？」

這是我們之間的玩笑話，他對英語的解構很妙：「去了就會。」這是他的環境學習論，他相信要把語言學好，一個合宜的好環境才是重要。

「學校都是考你們會的，但到美國是學我會的！」

這句話也夠經典，他脫口而出卻讓我想了許多。是啊，學校教育為什麼不一開始就讓孩子學他會的？不用執意固著的用大人觀點，逼著孩子學我們認定他們必須會的，如此繞口的說法，我猜你一定聽得懂。

基本常識的學習當是必要，那是一粒管用的知識種籽，引出知識之芽，但不要樣樣項項都用成績來評比，鬆一下手，人生才會更有寬度。

凱回來的那些日子，我們約了幾次會，談了很多童年往事與他的人生經驗。當年即使夠努力也老考不好，父親是他的人生「伯樂」，化解不少挫折，如果少了父親的鼓勵與扶持，凱不知道自己可以走多遠。父親在他的形容裡叫作「掌聲者」，什麼事都說「沒事的」、「你很棒」、「爬起來就好」，這些正向的力量無論如何給了莫大的推進力；即使真的很傷感，乏力前行，想想這些話便又爬了起來，父親告訴他：「只要方向對了，一直走，陽光就在不遠處。」

他引述美國著名廣播節目「家庭焦點」主持人，暢銷作家道生博士在《管與教》一書提到的內容：

「我能給你的只有愛與親情！」道生說他時常回憶起父親的這句話，以前以為它很平凡，後來才知那是父親留給他最雋永的禮物。

「考試是考你們會的，求知是求我自己會的！」凱的講法與尼摩伊相近：「我們演活什麼人，就會是什麼人。」

梅莉．史翠普之所以被稱作戲精，不止在於她能演什麼像什麼，而是演什麼就是什麼，她非常到位的告訴觀眾：「我就是她！」

每個人都是一個故事，人生這個劇本，本該是由自己來彩繪書寫，別人確實幫不上忙。

我與凱的人生交集中，上半場我贏，但只贏得分數成績；下半場未必，他校正好方向，往對的路上走去，陽光就在不遠處。很多大師其實都與凱相同，在起跑點可能是輸家，但都有烏龜般一步一腳印往前的堅定，最後擁有一片天。

貼心話：

孩子的人生本該由他自己去闖，路對了，前方就是桃花源。

這些人都演對人生

朋友問：「兒子的成績可以唸醫科，但想學藝術，我該怎麼做？」

「最好讓他聽自己內心的聲音，就藝術吧！」

「理由呢？」

工作往往得持續一生，要做上三十年，不喜歡的話有苦好受的，不難想像一個人在一項不愛的工作裡努力不懈三十年是何種滋味？如果他是醫生卻討厭看病，會是何種心境？我在醫院從事臨床十多年，遇上的便是一個個「好路」與「對路」衝突的患者，最後以精神疾病抗議人生，自己累了，父母痛了，人生毀了。

優劣、得失、對錯一向同時並存，是人的兩面，沒有人是天下無敵、唯我獨尊，天底下沒有東方不敗，如果有，我擔心他會一敗塗地。獨孤求敗其實很孤獨，專業是一條路，但不是所有的路，做好其中之一就有發言權。

人生如一盤圍棋，無法顆顆棋子都下對，攻防難免，下錯棋便微調，找著合適的出路就好。

我慶幸自己沒有當上醫生，當年按分數的排序，應落在牙醫，但卻讀了心理系，理由是志願錯填。可是這些年用心回首，發現我的錯成了對，如果當年志願填對了，我應該會是個不開心的醫生，可能與我的同學一樣，忙得要死，毫無生活質感，行屍走肉。他們常常向我訴苦，這些年來我所標榜的放浪生活，爬山、看海、溯溪、泡野溪溫泉、打球、浮潛、閒行跳蚤市場，他們應該一個也難得吧？金錢的得常常是人生的失，好壞端賴個人如何思考，年紀不同體會大不同。

成績等同成就？

這是最大的騙局。大學、研究所畢業，頂多占去人生的百分之五，分數、成績、名校、一流、菁英等等，甚至在畢業後一筆勾消全數歸零，如果只懂考試這套雕蟲小技，就想應付剩下的百分之九十五複雜人生，簡直緣木求魚；最後可能淪為可悲者，忙於工作，苦於工作，累在工作，最後死在工作上。

二〇一四年十二年國教新制的會考結束，填志願上場，讓一些父母一個頭兩個大焦心不已。我懂那種難受，但不在局中無力更改政策，而今塵埃落定，已經結束志願序的填寫。

我猜放榜有了結果時，一定是幾家歡樂幾家愁，我主張萬一不如預期，請父母在難受之後請把它當成只是一次考試，結果不好而已。

考試並非登龍術！考得好的未必好，考不好，天也不會塌下來。

朋友問：從過程中我看見什麼？嗯，一雙「緊握的手」。很抱歉，這話並無惡意，而是實話。我真的看見父母遠比孩子在意！

我只是個專業者，不是局長或者部長，只能談專業，無法改變這個連我也不喜歡的政策。我能與父母分享的是，專業裡載錄的成長，它是一趟從依賴慢慢到獨立的漫漫歷程，如果成人統統放不下，孩子便更不易放下。

不放手，就會牢牢黏住，介入影響孩子的人生，父母痛苦，孩子也會很辛苦；不放手，孩子嘗不到人生裡必備的酸甜苦辣，怎能讓我們放心。

八歲登白朗峰，十二歲游英吉利海峽，我在靈隱寺巧遇歐洲的小學生用自助旅遊中國當成畢業的成年禮；如果父母不放，這些有意思的事很難發生在你我身旁的孩子身上，成長便遙不可及。

放，對父母來說很難；但不放，他的人生會更難。

分數可以決定的只有「好路」，但人生需要「對路」，兩者大不相同，前者也許得到錢，只有後者能得到開心。

醉在陶藝的人，成天在泥巴裡捏塑，做出一把美不勝收的壺；攝影家躲在極地拍出他夢寐以求的畫面；舞蹈家一跳再跳只為舞出絕美的舞姿；喜歡研究野生動物的珍古德，即使在原始地方迷霧森林十八年，朝夕相處只有黑猩猩，依舊甘之如飴；大王魷魚據說是海洋生物學家的最後一片拼圖，當攝影器從水下六百到八百公尺之間傳來牠的芳蹤時，幾個月的孤獨瞬間化成歡樂；我的一位好友是高山嚮導，一年之中有半年以上在高山上，問他感覺？他說快樂得不得了。

這些人未必是我們俗稱的大富翁，但全是心靈富有者，選「對路」，因而帶來亮彩人生。

貼心話：

魚在水中，鳥在空中，但要先知道自己是魚還是鳥，否則很容易「錯演人生」。

什麼是「對路」？請看：

醉在法國佳肴

「臺大外文系的高材生拿鍋鏟炒出一片天！」

這是報紙報導陳嵐舒的新聞副標，很醒目的點出文中妙處，求學的路上她算是順遂的，北一女畢業，考上臺大外文，兩者皆為第一志願；如果按照傳統的序位觀念，她可能該出國，讀完碩士，攻讀博士，再返回學校謀求教授一職教書度過一生。但陳嵐舒不喜歡這樣的制式人生，改走自己的路，成為亞洲女食神，曾獲選為亞洲五十佳餐廳的最佳女主廚。

如果她選擇當教授呢？可能是位不錯的老師，傳道授業解惑者，但未必是最佳教授，這一點是可以肯定的。「最佳」這件事不僅要有天分，還要喜歡，醉在其中，把平凡的餐點化身成為藝術品，讓人驚嘆。每一小碟的食物都那麼匠心獨具，她將臺灣本土的食材，巧妙的梳理成法式料理，非常具有創意。

她說料理不止是料理，而是美學，這話精采極了，不僅是視覺，同時有味覺、嗅覺，看得到、摸得到、感覺得到。

更重要的是她樂在其中，享受其中快意。

林書豪的故事

林書豪的故事不知已傳誦多少回，「林來瘋」一度讓臺灣與紐約都瘋狂，華人圈子裡也一起瘋狂，這段灰姑娘的傳奇目前仍在上演中。如果林書豪在臺灣求學可能就未必如此幸運，因為他會讀書考試，人生可能因而窄化，父母親又是高級知識分子，可能逼著他去選擇更制式僵化的道路。

事實上林書豪的哈佛腦袋，完全有能力往學術這條路直行，但他轉彎去了ＮＢＡ，這條路更難，生存哲學是競爭。他必須加倍努力去克服黃種人與黑人之間的天生差異，用速度彌補高度，必須學會更多高難度的上籃動作，利用身體當屏風減少被搧火鍋的風險。

「林書豪傳奇」讓人看了很有所感，他不是不怕失敗，而是相信失敗是常態、爬起來就好；而且沒多少人能把興趣當成工作，他幸運得到，想在其中出類拔萃，就得付出更多。

林書豪不是特例，只不過在美國這種孩子會被稱許，在臺灣卻常會被否定而已。

金錢藏的智慧

巴菲特喜歡賺錢，而且經常是贏家，他說成功是一種快樂，但把錢用在他人身上，讓他人得到同等的歡喜，則是慈悲。

洛克菲勒這樣告訴兒子小約翰：「錢只是萬物的代表，不是核心，它可以買得到食物，卻買不著胃口；買得到藥品，卻買不了健康；買得到朋友，卻買不了真心；買得到享樂，卻買不著幸福與安寧。」

因為金錢而擁有的尊貴社會地位，其實很虛假，他提醒小約翰金錢的「流動性」，把它用在有意義的事上，且不圖回報，因而得到好口碑，才是實至名歸的好名聲。

「財富不該只有占有，懂得分享會讓世界更有生機。」

利用財富遠比擁有財富重要，這話夠有味道，值得很多人好好領悟一番。在我看來，這兩個人具備的都是道德智慧，天性上如是，宗教界有很多人都是具備這樣的性格，足以理解諸法，開示服人。

撫慰人心的建築師

一九九五年日本建築師坂茂為阪神大地震建造一座撫慰人心的紙建築，集集大地震後被移往南投埔里成為著名的紙教堂。後來他勇奪二〇一四年的普立茲克獎，據稱建築這個行業他在十一歲便立定志向，而今他已是其中的佼佼者，他說：「我堅持的這門專業是不會變的，但會繼續成長。」

坂茂的建築專業最特殊之處在於，取材與其他的同行專家不太相同，堅持材料取自生活，包括紙筒、竹子、織物、紙板與再生塑料等等。他最被津津樂道的是那一顆充滿人道關懷的心，也許他的設計在當代強調豪奢的建築之中，材質並不高檔，卻很特別，具備療癒的功能。

部落的推手

戴禮娟，哈凱部落的媳婦，風災重創部落之後的默默耕耘者。部落受災表面上有人關心，事實上新聞事件之後常無人聞問，彷佛他們是一群不存在於世上的孤島之人；她扛起這個重責，胼手胝足、一磚一瓦建造自己的家園。她發現這些災難根本不是天災而是人禍，攔沙壩設計不當，掏空了土石，那才是禍首。因此她帶領族人抗爭，要回一點點屬於自己的權利，終於看見永久屋的曙光，但必須自籌一部分的款項。

她因而催生出「藝術村」的構想，那是原住民的天賦，她只是發揮他們的潛能，讓藝術家留在原鄉彩繪，用觀光帶來一些收入；他們設計T恤販售，利潤用來重建，口號是：「用新衣陪哈凱部落走完最後一哩路！」

傳承者

螺鈿工藝是一門即將失傳的手工藝，工藝師必須先設計花鳥蟲獸與人物造型，再把珍珠貝或者鮑魚貝切割後鑲嵌在樟木、柚木、花梨與檜木等高級硬木上。這門傳統工藝不容易學，構圖、雕刻、鋸貝、鑲嵌等技術都得具備，三年是基本功，算出師了，要想精進傳襲這門工藝可能還得由歲月淘洗。正在搶救這門工藝的老師傅陳甫強說：「羅馬不是一天造成的，苦學必成家。」

這門薪傳絕學，中國在文化大革命後已消失，日本與越南只會做薄螺鈿，目前只剩臺灣有這一門厚螺鈿工藝，需要積極傳承，只要是行家就有一片天。

櫻木花道

埔里到霧社之間有一條「櫻花大道」，很多人以為是鄉公所或公家單位種植，三千多棵宛如花海，開花時美不勝收、盛況空前，完全不亞於日本的櫻花季。種的人叫王海清，是一位和藹可親的古意老人家，一生為種植櫻花樹奉獻，而且無悔。

他的植樹人生從喜歡開始，讓人休息、納涼與庇蔭的宏願接續，期間的確花了不少心血與金錢，堅持的理由來自茶道精神「全心全意，無私無我」。他不是有錢人，但是個大富翁。

英國有一位家喻戶曉的烹飪節目主持人，賺了錢之後創辦一個名為「十五」的基金會，開了很多餐廳，專門聘請十五歲失學窮困的孩子。基金會負責教他們烹飪技術，給他們謀生技能，學成之後再輔導他們創立餐廳，他為自己的善行下了註解：「幫助一個待救的孩子，等於救了一個社會。」

成績示人的觀念其實非常落伍，我們卻一心守著，因而誤用很多時間，浪費了青春歲月，人生變成打轉的漩渦實在可惜。

大人是該好好檢討，把教育改回「孩子主義」，才是上上之策。

臨床經驗讓我和很多故事不期而遇，有孩子這樣告訴我：「我喜歡生物，大人憑什麼不讓我讀？」請不要說：「去考呀！」因為興趣與分數常常是兩回事，有些孩子未必考得上。頑皮小孩有時不是天生的搗蛋者，而是無聊，他們要的大人沒提供，學校讀的引不起他們的興趣。這種衝突時有所聞，想讀美術的成了醫生，愛音樂卻成了物理系教授，這些錯位的角色很難從人生中找著快樂，殊為可惜。

貼心話：

積極的人在每一次憂患中看到機會，消極的人則在每個機會裡都看到憂患。

博士的妙點子

「博士」字義上的解釋是「博學之人」，但是單單只有博學恐怕是不成的，還要懂得知識的轉譯，否則就會像被報紙大肆報導的「博士雞排」、「博士養鴨人家」、「博士有機農夫」、「碩士種稻人」……等等，當成新聞題材揶揄。從事與所學不相吻合的工作並非大問題，它未必代表「知識無用」，重點是這些人是否讓知識有了令人耳目一新的「巧門」。

學歷並非身分的標誌，學歷至上的年代也會漸漸過去。讀書是讀來用的，不是讀來看的，長長二十多年的求學生涯取得的若只是學位，那就太過可惜。

博士應非學歷而是指「有學問者」。滿腹經綸，選擇當教授的人會是個好的知識傳播者，但他同樣可以用心於雞排的研發，在「雞排界」闖出一個名號，這樣有何不好？雞排如果有特色，少油多汁、香脆可口、沒有不好的物質殘留……等等，讓人吃了還想再吃，那便是名副其實的「博士雞排」了。

賴青松是留日碩士，他把自己所學的農業知識用在蘭陽的稻田上，在宜蘭追夢；享受種植稻米的田間樂趣，並且造福消費者，與同好組成「穀東俱樂部」，自稱「田間管理員」。數百家庭熱情參與「有機生產、體驗生活」的穀東俱樂部體驗農村生活，一年歡喜聚會三次，分別是插秧、割稻以及冬至，耕作面積有五甲多，完全採取有機種植。他們生產的不止是米，而是「生活理念」，重視環境保護、傳達好的生活態度。賴青松把學歷得來的知識用在人與土地之間的親密關係上，他知道環境能給我們無盡的禮物，我們則有責任減少它的負擔，如此一來才會雙贏。

他這樣的美好理念四處發酵，影響很多有機生產的農業。

盧紀燁在我書寫這本書時是東華大學的博士生，他用自己養的栗翅鷹驅鳥護稻，取代網鳥、毒鳥、嚇鳥，友善對待土地與生態，稱這種方式為「無毒管理」。因為方法得宜，產量增加三百公斤，取名為「鷹獵米」，並把收成的百分之十捐出當成保育基金。

林語堂先生是博士，而且是費盡千辛萬苦才取得的，但他的女兒高中畢業時，他便告訴她可以不用再念了，因為他發現她已經具備了做好一件事的能耐。事後證明這是真的，林太乙成了當時最具權威中文雜誌《讀者文摘》的總編輯。

博士不是人生成功或者失敗的證明，重點是得到了知識之後，我們會善用嗎？懂得把知識廣泛用在日常生活的人，即使學歷上不是寫著博士，卻更像博士。

貼心話：

讀書的目的其實只是為了求取有用的知識，如果不能用，求學便等同浪費時間。

自我超越

人生就是一場偉大的探險，如同航海家尋找屬於自己命定新大陸的歷程，沒有人注定成功。極限到哪裡？不試也不可能知道，每個人都有天賦，但它的終點線究竟在何處？

寫到第八十本書的時候，眼前一度浮現一片黑影，傳來幽冥的聲音：「還能寫什麼？」其實我也不知道，直覺是江郎才盡了，第八十本就是最後一本吧？但之後又多出了三十本作品，我找著的魔法便是自我超越。歲月是智者，時間到了火候便跟著到，自然而然靈感便如泉水一般湧出，更重要的是我想要這麼做，這就是自我超越的力量。

「信念」，是我給自我超越的一個新定義，有了信念才有可能具備往前走的動力，否則很容易被鋪滿荊棘的挫折打敗，人生難行，但信念足以打通任督二脈，順暢自己的夢想，寫下「我可以」的樂章。

臺灣特技車表演有其困難處，想從事這個行業注定要吃不少苦，但亞洲車神陳雙全卻帶領了更多志同道合的車手一同訓練、賣力前行，即使因而全身是傷依然不退縮，反覆訓練著高難度動作，心中想著的只有超越自我。

有人問他，三十年不間斷的練習，締造無頭機車在空中鋼索行駛五十公尺的金氏世界紀錄，這樣堅忍不拔的靈魂是怎麼來的？

他說是「挑戰」，想看看自己的極限在哪裡？這個雄心壯志是他變身亞洲車神的理由。而今他只剩下一個願望：把技術傳承下去，讓更多人擁有正確的管道及方法，成為下一位車神。

當他擁有的冠軍數量愈多時就愈謙虛，下一個想飛越的對象是自己。

冷的味道是什麼？

住在臺灣，寒流來襲的溫度不過十度，偶爾下降到五、六度便已冷颼颼直入心肺；很難具體形容零下三十度算高溫、零下五十度的酷寒是什麼樣的感覺，但是陳彥博知道。

在這種極冷的地區，平時簡單的一個動作都變得非常不容易，雪要燒三小時才會變成開水，上廁所要一鼓作氣否則會凍成冰棍。挑戰磁北極的比賽風險極大，有如簽下一紙生死狀，但為何要跑？這些冒險家的理由常常是自我超越。

冒險的確是危險的事，但是人生之中何處不是冒險？我們太習慣接受既定的限制，從小被叮嚀的是「不可以去那裡」、「不可以做什麼」，農曆七月有鬼不要下海、高山有魔神別登。事實上重點不在我們去了哪裡，而是有無做好準備，老外不是比我們更愛冒險，而是他們準備通常比我們妥當，我們像衝動、他們是行動。

歐美各國酷愛野外，所以自然研究是普遍的科學，常有創思。我們只能單靠幾個人硬撐，壓根不鼓勵冒險，殊為可惜。

在惡地裡挑戰，從這些冒險者的眼中看來根本不是夢魘、失溫或苦果，更多的是自我超越後的甜蜜。

貼心話：

美國總統華盛頓說，自己不能勝任的事情，切莫輕易答應別人，一旦答應了，就必須努力實踐這些承諾。

彩繪夢想的真本事

Chapter 3

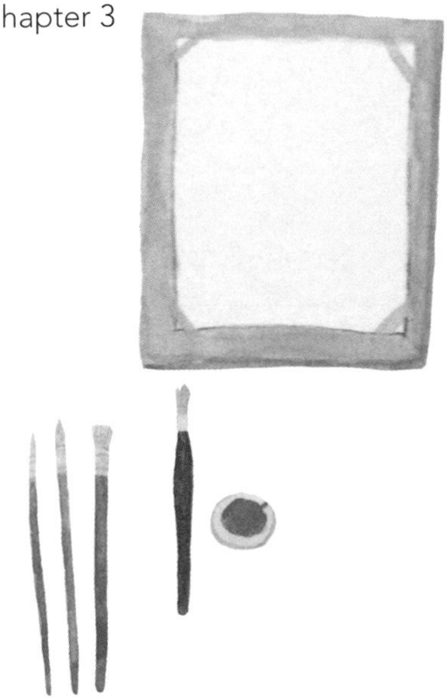

NBA季後賽開打時我希望火箭隊贏，但預言他輸，理由是團隊不夠合作；總冠軍賽落在馬刺與熱火的交鋒，我賭馬刺贏，理由是團隊合作，一個傳導球如此順暢的球隊，我沒有理由不相信他會贏。

公司用人其實很像球隊，互相合作比明星球員來得有力量。年度總冠軍不能只靠一個得分手，必須各司其職，防守、助攻與籃板球同等重要，一支好的球隊至少都該有三巨頭，網羅三位以上管用的好球員組成鐵三角是必要的。蠻幹浪投不是好方法，頂多某個人得分數據好看，成為年度MVP，但對球隊毫無作用，懂得分球才是無私的好球員，這樣方能創造最好的得分契機。防守更是關鍵，拚勁與纏功才能剋敵制勝，這些都是贏球的竅門。

顯而易見的，一人球隊打造不出豪門，詹姆斯大帝在騎士隊時，即使得分暴衝仍無助於球隊成績，只能在季後賽徘徊，但與韋德和波什組成黃金三人組便勇奪總冠軍。這個暗喻我心知肚明，一個偉大球員通常不止要會得分，還得懂得組織戰術，把散沙變身戰力十足的隊伍，否則未必是助力，更有可能是阻力。

另一位老闆與我聊天時提及：「憑什麼？」

我聽懂話中有話，老闆眼中的年輕人「會說不做」、「沒耐性」、「吃不了苦」，最慘的是沒有真本事，「憑什麼」要求高薪？

「錢多事少離家近，睡覺睡到自然醒」老闆直言沒有這種工作，失業率在他們眼中居然是無法吃苦耐勞的能力，古諺說「是牛就不怕沒田犁」，只要肯做，全是機會。

其中一家公司的老闆直言：「不是都22K啦！」

「我們開出的月薪是60 K但找不到人，即使有人來應徵也不太合用，這才是問題所在。」

「22 K那是不良品，只是還上不了檯面的學徒吧！其實也無所謂，如果懂得自己並非良品，願意多花心力改造，有一天會成為良品的。」他說花錢訓練自己，都是應該的投資。

這些語重心長的話語確實值得深思。

「黑貓白貓，會捉老鼠的就是好貓。」說的還是「能力」問題，一旦出了校門就不會有人管你是黑貓白貓，但會被問到會不會捉老鼠？

請捫心自問，自己除了讀書考試得到學歷之外還會什麼？專業是別人付錢之後的必須要求，只要少了它，就少了薪資的發言權。

午餐花了一個多小時，相談甚歡，結束後是歸程，他的話語一直在我的腦海中縈繞。老闆的話很中肯，雖然重了一些卻很有力度。是的，教育應朝向老闆的需求設想，而非一窩蜂求取只比一張紙厚一點點的學歷，卻又不知道自己能做什麼？我們在殿堂中修習二十多年，絕對不應該只學到「叫苦連天」。

貼心話：

優點與缺點在同一個人身上，問題是你看見的是優點、還是缺點？

經驗與閱歷

諾具爾文學獎得主莫言接受佛光大學頒發榮譽博士的致詞裡提到：「如果自己是真博士的話，小說家莫言就不存在了。」這話我懂，兩個位置都必須用盡一生，不可能同時存在，聰明的人必須擇一，不能什麼都要。

「臺灣作家有些人自言五歲便讀了《紅樓夢》，我很慚愧，只讀了小學五年的書，但說書對我的影響很大，它讓我的耳朵閱讀。」

這話我也懂，知識未必在書、學業或者學歷裡，很多是來自經驗。

吳念真被說成「真情歐吉桑」，他的廣告很特別，使用觀賞者能懂的語彙，猶如禪宗直指核心、引發共鳴；這些發想不可能在書本裡，他是個閱讀生活的人，很多題材來自生活體驗下的哲思。

他說過重話：「一個政府裡有太多博士，不是好事，而是悲劇！」但卻是真話，專門分析人格養成、職業與人格關係等等課題的人格心理學家研究發現，每個行業都有其相對應的人格特質，比方說：政治是私心的，想的是利己不是利人；知識分子是高傲的，少了同理心。

兩者加起來很容易變成政客。

言行不一的要求我們共體時艱，但自己卻吃香喝辣。他們說辛苦是暫時的，未來是有希望的；但未來辛苦的是我們，有希望的是他們。錢賺了就有是廢話，但政客不知道有人真的賺不到錢；合理房價是蠢話，我們貸款繳到手軟，他們租金收到好爽；米、油、鹽、醬的食安悉數出了問題，他們買進口的，我們吃化學的⋯⋯，真是令人匪夷所思。

有人說晉惠帝是好人，我可能會相信，因為他只是不會設身處地替人著想而已，缺的正是苦民所苦的經驗。長大成人之後某些欠缺周詳思慮的作為，實際上都與人生的經驗相關，含著金湯匙長大少了吃苦的童年，當然只能想到：「何不食肉糜？」沒有下過田、除過草、收割過稻，怎知粒粒皆辛苦？家中窮困沒有多餘的錢買龍眼，山中有一棵龍眼樹，但長得高大必須攀上去自己摘，我們很自然的就會去思考解決問題的方法。河蚌熬薑絲湯好喝，但得下河去撈，這種經驗是自然的聯結，少了這樣的經驗，腦中浮現的大約便是有錢好辦事。

「閱歷」是從腳的踩踏開始的。

盡信書有時候真的不如無書，但得有腳，離開死知識的書本，視野變得更寬。為了開拓視野、增廣見聞、吸取更多經驗，旅行成了必要。

史學家司馬遷博學廣聞肯定不在話下，曾拜在孔安國、董仲舒等人門下，學習古文《尚書》和《春秋》公羊學因而思路大開，文化知識豐富，深入研究歷史傳說。後來漫遊生活也助他一臂之力，上溯長江、淮河，再到浙江進會稽山考察大禹治水的傳說，為了尋找舜的陵墓和遺跡，跨過沅水、汀水來到九嶷山。又親訪孔子的家鄉曲阜，瞻仰了孔子廟堂，足跡大約遍及當時的半個中國，搜集了大量的歷史資料，後來據此撰寫《史記》。

如果司馬遷閉門造車，想寫出像《史記》那樣的生動而深入人心的宏篇巨著，幾乎完全不可能。

明代李時珍寫就《本草綱目》，也是遍遊大江南北的結晶，他到過江西的廬山、江蘇的茅山、南京的牛首山，還曾到安徽、河南、湖北等地採集藥物，至少走了上萬里路，訪問種田、捕魚、砍柴、打獵的人，豐富自己的藥物知識。

日本名作家佐藤春夫喜歡旅行，聽說日月潭的風景美不勝收，在一九二〇年一個強烈颱風襲擊之後他隻身來臺，經過崎嶇不平的山路，換坐椅轎才抵達傳說中的美麗聖地。那時候他因情傷陷在陰鬱之中，山光水色的大自然給了他復甦的能量，被繚繞的原住民杵米聲療癒，因而寫下著名的〈日月潭遊記〉。

壯遊這件事並非現今的外國人所獨創，司馬遷、孔子、杜甫等人早早就實踐過，只是後來被科舉的氛圍取而代之。

歐美國家非常鼓勵「旅行」或「探險」，他們知道課本能給的東西實在太少了，多數的人生智慧藏於天地之間，教室裡教不來。長距離的壯遊，除了吸納不同文化刺激，也一併學習面對未知挑戰的能力，堅持、毅力、勇氣在此俱足。

不會永遠是孩子，也不可能一直是學生，年輕人是未來的大人，投入工作除了必須具備基本的能耐之外，還得在忙碌之餘具備應付一成不變生活的哲學。學會偷閒是必要的，讓自己短暫靜下來，享受思考的絕妙時光。

我的很多人生哲思確實也是從旅行凝聚思索出來，在街景儀式般的晃動中挑揀出生命的意義。該怎樣過生活？工作、生活與金錢有什麼關連？很多作品如果少了旅行時的邂逅可能激不出任何火花，比方說《留醉桃花源》是我利用五年旅行，拜訪過無數位三〇年代文人故居寫成的，《幸福，自找的》靈感也是取自旅行，之後還寫了很多與美好生活有關的書，如《偷閒：下班後的幸福提案》、《再忙，也要很浪漫》、《這一站，樂活》，多半的活水源頭和旅行也脫不了關係。

不止我，早期最有名的旅行者當屬以《撒哈拉的故事》一書聞名遐邇的三毛，也是透過旅行，閱覽不同國度風情寫出曼妙文章的；切・格瓦拉透過摩托車的壯遊，見識到不同社會的樣態，感嘆阿根廷的貧窮，因而試圖改造古巴，成了民族英雄；杜甫因為喜愛旅行，寫下了經典名作：胸懷壯闊的〈壯遊〉一詩；李白很多膾炙人口，富有詩韻與哲理的作品，也都是旅行感懷得來的；徐霞客是全世界最偉大的地理學者，他的成就亦來自旅行。

我猜想，孔子的周遊列國在某種意象上也是旅行，考察風土民情，向國王提出利於人民的方略。

歐美父母鼓勵孩子背起包包勇闖天下，我們的父母希望孩子做什麼？可能依舊是用琅琅的讀書聲，換取兩個阿拉伯數字的組合，因少一分而痛著、因多一分而樂著，虛假相信高分等於高成就。

事實上，花二十多年求取的學歷最多只是「硬實力」，它是看得見的表相，缺乏變化性。「軟實力」一藏在內裡，潛意識的、能發酵的、變幻無窮的經驗、閱歷、文化等等全是軟實力，它們擁有更大的影響力。

貼心話：

很多人生的經驗加起來就是「先知」。

與眾不同

莫斯萊眼中的天才與人才是這樣分的：「後者是毛毛蟲，前者則是羽化的蝴蝶。」天才與人才代表著天生與努力。德國哲學家這樣界定智慧：「經驗加上閱歷。」兩者集合起來大約便知道我們想要的人才，大概應該具備了什麼條件。

學有專長是教育的基本要求，但我們必須得加上威爾‧羅傑斯的認知：「即使學有專精的人，離開他的領域也是個無知者。」

人人佩服的專家可能只是人才，不是天才，一項專精，但並非什麼都會。沒有人可以精熟每一樣範疇，萬事都通的要求，會讓孩子注定是個失敗者。

「與眾相同」或者「與眾不同」是我這些年來反覆思考的一個問題，幾乎每隔一段時間便把它從潛意識裡提點出來，再度檢校一遍，看看是否有新的味道與看法。

與眾相同理論上簡單多了，但它卻是多數人拚死拚活試圖打造的黃金大道，一樣都是碩博士，一樣的人生方程式——二千人選兩個，老闆應會眼花到不知從何選起，借用一句歌唱比賽評審老師常說的話：「無鑑別度。」

深坑是一條藏著百年風華的老街，但百分之九十都在賣豆腐，在這裡吃中餐是我最痛苦的，根本不知該去哪一家好，每一家都有電視公司採訪的廣告、都說自己是老店，可是菜色卻與別家無異，毫無鑑別度。

吸引我的往往不是這樣的店，而是招牌醒目的手工香皂店，這叫「獨特性」。香皂店旁邊有家手工米粉魚丸，老闆一邊製作，一面販售，看得見的真材實料引人注意，點上一碗果真好吃，便成了閒行老街時休息佇足的好去處，我成了常客之一。在全是豆腐的街上，它有了不可取代的「稀有性」，很容易捉住吃過多次豆腐的遊客味蕾。豆腐當然不是沒有生存之道，深坑以此聞名，依舊很多客是聞香而至，店面生意多半不差，但想要門庭若市則需要比好吃更好吃，一吃就上癮，而且有真功夫，不可以只是噱頭，這叫「專業性」。

考試考到死、讀書讀到掛的人，只有記憶力而缺乏思考力的人，很難達到這種要求。

克勞斯是著名的「網路警察」，他沒有什麼學位，但在網路資訊方面夠專業，攔截病毒功力非凡，很多人找他當守護神，這便是專業了。當過技工、油漆工、堆高機司機、貨車司機的托佛勒，依舊可以寫出著名的暢銷書《第三波》，靠的則是不同於別人的「觀察力」。

「決定」或「被決定」是兩件事，也可能是同一件事，有實力就是決定者，否則便是被決定了。

貼心話：

學歷是短暫求知的結果，但經歷則需要一輩子，滿腹經綸就會與眾不同。

從興趣出發

投資大師羅傑斯在他的作品《給寶貝女兒的12封信》一書中貼心提醒：「做你會的，全力以赴。」

興趣可能就是一個人最會的事情了吧？無感的工作至多只是賺錢的道具，沒有什麼樂趣可言，可是如果為了工作這件事虛耗一輩子，人算什麼？

梁啟超先生曾說：「吾生平作事，得力於興趣兩字，苟用化學分析法，分析吾梁啟超的成分，恐怕百分之九十九，是含有興趣成分的。」

這說明梁啟超立身行事的動力與興趣脫不了關係，那是影響一生的事。

興趣是什麼？

很難一下子便下定義，以簡單的方法觀察，如果一件事提起勁來可以沒日沒夜做上很久，應該就是很有興趣了。興趣是原發、不是刻意培養的，如果想使之成為專業，沒有適度強化的話再努力也是不可得。

「沒什麼，只是興趣而已。」

我遇過很多巧手靈活的人，宛如魔術師一般可以把手上的東西做活了，當我問他們怎麼辦到的，最常聽見的便是這句話。看來興趣就如同一部汽車的汽油一樣，加上它才可以開動。

興趣不是一時興起，絕非憑空可得，必須主動發掘它並且駕馭到生活之中。如果把興趣形容為成才的第一步一點也不為過，無論古今中外，舉凡有成就的人，大約都是因為熱衷且喜歡自己所做的事，這些事使他們變得更有志向、毅力、不怕挫折、善於學習而且不輕易改變，甚至熱愛一生。

日本有一位壽司大師，他的壽司被譽為「一生不可不吃」的食物，記者問他如何做到這麼好吃？他的答案是：「那是我一輩子的功課。」

換個角度想，一件事願做一生，怎麼可能沒有本事。

興趣真的很重要，沒有它就如同一部車子沒有了油一樣。我離開醫院的心理治療崗位其實有一段時日，但是每年學測之後學子準備甄試的階段，我家依舊像一間免費的心理診所，來了一堆好友的孩子，我專心一意的閱讀備審資料、提供想法，協助他們找出人生方向。

「要做上一輩子哦，真有興趣嗎？」

一生為伍的工作不愛是不行的，否則必苦無疑，根據我的專業，中途轉彎卻依然演得出色的例子並不多，即使出色，過程很開心的還是不多。興趣真的是魔法，要成為某個領域的表現傑出者少說需要十年、二十年，甚至更久的時間浸淫，興趣是最大的支持力量。

貼心話：

喜歡且有興趣的的事才可能做得持久、做出特色，不懼挑戰、承擔挫折並且勇往直前。

打造夢想

「夢想多大，世界就有多大。」

我喜歡這句座右銘。夢想人人都應該有，有人希望當太空人翱翔宇宙，有人希望像巴菲特賺大錢當世界富豪，有人夢想當醫師救助患者。「夢想」是前進時的力量，黑暗中的希望。

有些夢想乍看之下遙不可及，但其實就在身旁。

咫尺天涯的差異就在實踐，好好把握，它便不會從指間溜走。萊特兄弟的造飛機原本只是狂想，但是實踐讓它成了夢想。

「明日看我！」

在離開政大的謝師宴上，老師要求我們每個人講一句話當成大學時代的結尾、新人生的開始，這句是我說的。

我不確定同學有無聽見，是否笑我吹牛，但我一直記著並當成座右銘，現在我確認那是我的夢想，我是一個好的執行者。

阿諾史瓦辛格從影獲獎的第一部片叫作《飢腸轆轆》，當時沒有人看好他能走紅，宣傳期間接受記者專訪：「將來有什麼夢想？」他非常認真的回答：「當美國最賣座的電影明星。」專訪的這位記者差一點笑岔腰，心想眼前這一位大叔可能比較有機會當健美先生吧！但他後來真的一步步朝這個方向前進，拍了不少賣座片。

阿諾說：「我只是創造夢想，而且不放棄執行。」

李安以《少年Pi的奇幻漂流》一片獲得奧斯卡最佳導演時說了個小故事，當年學業成就不出色的他對父親說：「我想當導演。」一向以成績為優先的李爸爸當然生氣，卻又莫可奈何，經過幾番周折李安還是走向自己的人生大道，圓了夢想，因此他建議年輕人：勇敢許一個夢。

「我不想等到失敗後，才後悔自己還有潛力沒有發揮出來。」這是二〇〇〇年世界花式滑冰冠軍關穎珊說的；最後一場比賽她必須做到幾次成功的高難度動作才有機會奪冠，於是挑戰連續兩次的三迴旋，而且做得很好，總積分從第三名衝到冠軍。

「付出與犧牲」，是她認定實現夢想的必要。

「夢想一定要實現！」

這是《夢想設計圖》作者鶴岡秀子書中的一句話，從十歲起她就立志創業，已經實現許多的夢想，寫這本書時她的夢想是創立「傳說飯店」。

人一生可以有無數的夢想，但無法實現的理由多半不是夢想太大，而是不知道什麼是自己真正想做的事、跨不出第一步、最後放棄實踐等等。與其預設「夢想不可能實現」，不如告訴自己「夢想一定要實現」，就會實現。

「看對方向是重要的，然後要有眼力、魄力與毅力。眼力就是方向要對；魄力就是要去做；毅力就是有挫折卻永不放棄。」這是廣達電腦董事長林百里的提醒，任何事都是從一個決心，一粒種籽開始。

人生有如一場比賽，別放棄，享受它所帶來的陽光與小雨，我們都輸得起的。年輕人，那是起跑點，終點還沒到呢！

貼心話：

無法實踐的叫作空想，可以實踐的才是夢想，事實上，每個人心中都有一口夢田，要用行動圓它，讓它發光。

接受失敗

「在我的職業生涯中有九千次投籃沒進，輸過約三百場比賽，曾經二十六次被賦予投致勝關鍵球的重任但沒投進，我的人生一次一次又一次的失敗，但那就是我為何成功的原因。」

這是籃球天王巨星麥可・喬丹的親身經驗，如果每一次失手他都嘆氣，這一輩子可能得死三百次以上。

「百分之九十的失敗者實際上並非被擊倒，而是放棄。」

勵志作家保羅・美亞認為失敗不是原罪，放棄才是主因。如果要用失敗為題寫書，我猜想可以寫一百本以上。被譽為美國有始以來最偉大的總統林肯曾經兩度經商失敗、八次選舉落選。臺積電創辦人張忠謀連續兩年申請麻省理工學院博士班遭拒，從此失去申請資格，只好進入半導體業工作，反而成了教父級人物。J・K・羅琳也失敗過，在《哈利波特》第一集出版前，她的草稿曾被出版社退件十二次，卻成了暢銷作家。

廣告奇才孫大偉被高中老師說成：「該生素質太差！」大學聯考跌跌撞撞好不容易才考上一所學校，但卻是臺灣廣告界難以取代的教父；李國修考了三次才上世新，考試不太在行的他，在表演界裡可是泰斗。

人生的設計裡應該沒有一步登天這張地圖，失敗、挫折、苦惱、麻煩是常態，不要逃避，勇於面對，才有機會搬開擋路的石頭，邁向另一個高峰。《夢幻飛行》這本書的作者理查・巴哈說：「人生裡的每一個問題，都是一分美好的禮物。」

他是對的，如果不這樣子想，禮物就永遠不可能出現了。

《天生小棋王》是一部描述天才棋士的電影，很有啟發性。為了增加棋力，必須與高手過招，但會因而承載更多失敗的風險，這部電影卻教人從正向去思考，不把比賽當成競爭，而是學習，不涉失敗、只有歡樂；主角因而學會享受比賽，不僅因而充滿活力，而且棋力大進，性格也因此成熟。樂觀的確是性格的一部分，性格能決定一切，如果只是忘情的想著如何擊敗人家，人家也用同樣心態，那便會像是報復，很難創造自己往前走。

「跌得愈重，反彈得就愈高。」

這是美國著名的一句諺語，當成座右銘應該不錯。

「更接近成功一步了！」

這是我認為對失敗最美的解釋。好極了！這樣想就離成功近了。

貼心話：

人生的過程中難免會有失敗，不要忘記它只是事件，而不是一個人的失敗，更不是人生的敗績。

加倍努力

姚明初登美國NBA籃球殿堂時，沒人看好這位來自亞洲的高個子，認定姚明打幾場就會被冷凍，打包回中國。提出這種看法的包括當時的明星球評巴克利，他還豪言這個大個子如果一場球可以得超過十九分，他就去親驢子的屁股；結果姚明最終不僅能得分，還被譽為那個時期的最佳中鋒之一，好幾場得分均逾十九分，巴克利因而付出代價，信守諾言親了驢子的屁股。

球評研究姚明的成功術發現，他總是早隊友一個小時去練球，晚一個小時離開，這就是他的成功術，比別人多付出很多倍的努力。

小飛俠科比是繼喬丹之後被認為最像神的人，不可多得的奇才，記者問他如何才能讓籃球打得如此出神入化；他玩笑以對，說有魔法，它叫苦練、苦練、苦練，少了它，籃球天分是無用的，努力再努力的練球才是不二法門。

有人問美國女國務卿賴斯成功的秘訣是什麼?她簡明扼要回答：「付出八倍的努力！」在她小時候，美國的種族歧視依舊嚴重，黑人地位低下，處處受白人欺壓。十歲時全家到首府遊覽，卻因黑人身分不能進入白宮參觀，讓她倍感羞辱，凝神遠望白宮良久，回身一字一頓的告訴父親：「總有一天，我會成為那房子的主人。」父母很讚賞她的志向，經常提醒她改善黑人狀況最好的辦法，就是取得非凡的成就。

雙倍努力，或許能趕上白人的一半；四倍努力，就得以跟白人並駕齊驅；如果願意付出八倍，就一定能趕在白人前頭。

以「八倍的努力」發奮學習成了她的信念，積累知識，增長才幹，母語之外還精通俄語、法語、西班牙語，她不僅考進丹佛大學拿到博士學位，二十六歲時已經是史丹佛大學最年輕的教授，隨後又出任史丹佛大學歷史上最年輕的教務長。除此之外，她還獲得美國青少年鋼琴大賽第一名，更精心學習了網球、花式滑冰、芭蕾舞、社交禮儀，白人能做到的她要做到，白人做不到的她也要做到。

最後賴斯終於脫穎而出，短短二十年，從一個備受歧視的黑人女孩變成著名外交官員，奇跡般的由醜小鴨變天鵝。

我非常喜歡沙拉斯特的這段話：「每個人都是自己的命運建築師。」加倍努力便可以造出人生的城堡。

貼心話：

成功這件事，有時只因為你比別人更努力。

做到最好

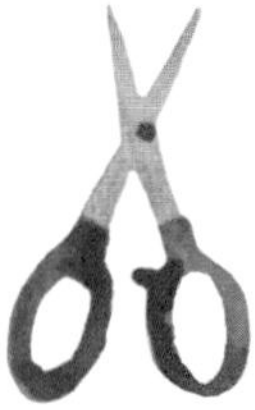

企業精神：忠誠，友善，勤奮，進取。
經營理念：創造最好的空調奉獻給廣大消費者。
管理理念：創新永無止境。
管理特色：合理化，科學化，標準化，網路化。
服務理念：客户的每一件小事都是大事。

這是成立於一九九一年的珠海格力電器的企業文化，從一家沒沒無聞的小廠，一條簡陋的、年產量不足二萬臺窗式空調的生產線，在朱江洪董事長豪氣的帶領下，發揚艱苦奮鬥、頑強拚搏的精神，克服創業初期的種種困難，開發了一系列適銷對路的產品搶占市場先機，初步樹立格力的品牌形象，為公司後續發展打下良好基礎。

「未來你們聽到的不是中國製造，而是中國創造。」製造與創造確實在概念上大不同，前者指的是傾銷的劣質品，後者代表全新、自己打造、有口碑與品牌的，內裡則是做到「無可挑剔」！

相信只要完美就有市場，結果確實如其所料，格力電器成為目前全球最大集研發、生產、銷售、服務於一體的專業化空調企業，二〇〇八年前三季度實現銷售收入三百五十一・一二億元，全年預計實現淨利潤十九・五億元，連續八年上榜美國《財富》雜誌「中國上市公司一百強」。

格力空調因而躍居「世界名牌」產品，業務遍及全球九十多個國家和地區。一九九五年至今，格力空調連續十四年產銷量、市場占有率位居中國空調行業第一；二〇〇五年至今，家用空調產銷量連續四年位居世界第一；二〇〇八年，格力全球用戶超過八千八百萬。

他們不止重視自己的品牌領先技術，開發更卓越品質的空調，還注重人的素質培養。他們相信專業，同時相信人也可以是一種專業，每一個環節都要求做到最好，開堆高機的不是工人而是師傅，技術純熟到可以表演。他們在形象廣告中露了一手絕活，能用堆高機的鐵器大叉子夾住一瓶水，這便是董事長強調的專業、做到最好的見證，他很自豪他們的員工離開格力之後是別人搶著要的。

格力經過這些年的努力已經擁有技術專利近二千項，自主研發的GMV數位多聯一拖多機組、離心式大型中央空調、正弦波直流變頻空調等一系列高端產品，打破了美日製冷巨頭的技術壟斷，在國際舞臺上發出光亮。

「一個沒有創新的企業，是沒有靈魂的企業；一個沒有核心技術的企業，是沒有脊梁的企業。一個沒有脊梁的人永遠站不起來。」

這句話用在人的身上也非常合適，學歷不是關鍵，哪個學校畢業也不重要，重要的是，要把所學的東西使心盡力的讓它發揮到極致，把自己做到最好。

貼心話：

決定成就的是態度，不是資質。

點石成金的魔法

演講結束後人群漸漸散去，一個聽眾箭步上來擋路提問：「我念成大研究所的兒子，最近嚷著不想念了，想回過頭來學習一技之長，我該怎麼辦？」

問題是，我能幫什麼忙？

這個孩子其實已經很不錯，至少知道問題所在，並且想辦法解決，明白分數給的才華是「虛」的，想得到「實」的能耐，單單這一點便足以帶著他往美好處前行，有一片風景了。

理想的教育，理論上是在一定的期限內「準備好了」，有了能耐，踏上征途才是，比方說當學徒的三年四個月，學習者至少理解在這期限之內他能得到一技之長。反觀現代的教育從第一次閱讀起算，一直到拿到最後一紙畢業證書離開校門，多數人都歷經了長長的二十多年，最終發現這些日日夜夜琅琅的讀書聲勾串出來的學習一無是處，怎不傷感？

問題出在我們對「常識」、「知識」與「智慧」三者之間的思辨差異，高估了讀書的天堂論，以為會讀書等於保證書，是一帆風順的代名詞。事實上這些利用背誦記來的數學公式、解題妙法、見招拆招的猜題技巧、牢牢鑲嵌在腦袋裡的白紙黑字：哪裡最高？最深的海溝是哪個？巴西又盛產什麼？即使因而考得一百分，也只是「常識」吧？要達到「知識」的程度必須能夠為用，意思是說，讀到的東西可以用在生活裡，例如先前所說的，從蜻蜓的飛翔聯想到戰鬥機。「智慧」則更難了，它要一輩子的培養，是有能力利用舊知識創造新知識的人。

日本仿效古代中國的舉才制度，免不了讀書考試，但他們挹注了新的活血，比方說「青少年概念車設計大賽」便是很棒的一個創意例子，用高額獎金鼓勵孩子從一個乘客的角度，想一想車子可以做什麼樣的改變。這個主意真好，不僅離開原有的駕駛主義改用乘客的觀點，讓孩子以他們的眼光看世界，有被重視之感，其中更有些孩子因而走向發明、研究、創意及設計之路。

日本重視創意開發是有名的，而且從生活出發，一些精巧的小發明，往往能解決某些長期生活上的問題。我特別喜歡日本的文具，那些商家令人不自覺流連忘返，並且掏出錢包，可見創意也能形塑出「購買力」。他們所舉辦的「星期日發明學校」很有口碑，提倡「一日一創」活動，在此影響下，打造出許多發明大王。

創意是一種狂想，但卻是有意思的狂想，在科學的前提下無限延伸，很多傳世的經典產品便是這樣來的。以前誰會想過，盒子裡放上種籽便可以長出一朵花，這個創意帶來的是無限商機，辦公桌上人人一小盆。據此繼續發想，如果盒的本身就是養分來源、有機材質，裡頭還埋有另一個樹的種籽，欣賞完花後種進土裡便可長出大樹，你說是不是更妙？

日本流行的「瓜果書」就更有味道，它是一種「書本裡能長出花花草草、瓜瓜果果的有機書」，結合工業設計的先進理念和園藝栽培的成熟技術；裡面含有膨化劑、高效營養介質以及迷你種籽，書上都有種植說明，每天澆水便能長出各式各樣體積較小的瓜果，如黃瓜、番茄、辣椒等等。瓜果書結出累累果實，真的很迷人，深受消費者喜愛，推出後立刻風行全日本，這便是我們現今琅琅上口的「文創產業」。

到大連演講那一年，順道拜訪天津科大的玩具設計系，當年的系主任意有所指的告訴我，別小看一張A4的紙，好的設計常常值一百萬美金，這話我印象很深。好的設計就是創意，動動腦想一想，客戶買單就是商機，它帶來的經濟效益，真是意想不到的高。

文化創意的概念雛形是一九九八年，由英國人第一次提出文化創意產業概念。短短幾年後，創意產業作為一種「新經濟」模式，風靡全球，成為吸引消費、拉動經濟的「無煙工廠」，成為現代經濟社會的重要部分。

我那個年代使用的鉛筆之中最有名的是「玉兔牌」，筆心是由石墨與黏土製成，別小看一支鉛筆，從木材、切割、堆疊到風乾，出廠前還得上九道漆，是一個非常費工的行業。本來就是低利潤的行業，又加上削價競爭，面臨虧損問題，生存成了一大考驗，但這些年來文創發達，工廠跟著轉型成「鉛筆學校」，走觀光工廠路線，這便是創意，是腦袋救了夕陽工廠。

創意是什麼？

就是「點子」、「主意」或「想法」吧？只要動動腦，舊瓶新裝得到青睞，一加一就可以大過於二。

貼心話：

「不可能」、「做不到」是人生的敗筆，注定是零；「有可能」、「試一試」，便會帶來可能的機會，運轉創意。

這些都是腦力經濟

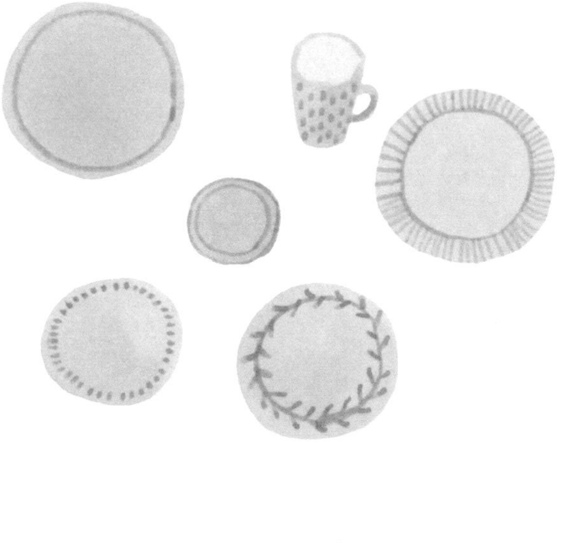

這個故事，聽來的，但我記得很深：

一個小男生心無旁騖的畫畫，一旁的大人問他：「你在畫什麼？」

「上帝啊！」

「上帝？可是沒有人看過祂的長相。」

「我也沒見過，但我會想呀！」

沒有的東西，那就創造出來。

這就是創意，它往往會是獨特的、稀有的、罕見的，更有吸引力。

臺北市民權大橋下的「歐洲跳蚤市集」是我的偷閒好去處，電視錄影結束，轉個彎就到了；抽一張通告費，便可以醉在亮彩的百年器皿之中，買上一件，流連忘返的理由便是美與創意。

店的入口往內直走是沙發區，流線的造型依舊深具美感，透著百年的沙發風華，二手的，有些瑕疵，雖然破損明顯或有修繕過的痕跡，仍讓鍾愛者愛不釋手，創意設計是它的魔法。

人體工學設計的休閒椅，按一下把手便自動調整成躺椅，有意思極了，用料尤其講究，是以傳世當作設計基調。銅製品從剛出爐的迷人豔紅，被歲月淘洗成古銅色，一把澆水壺承載的是匠師對工藝的堅持，美的執著。

瓷器區實用，我最常在這裡流放心情，並且花錢買單。原價三、四千元的品牌杯盤，二手價只要一九五、二九五、三九五不等，用它來盛放精心製作的午餐，常有相得益彰的效果，宛如置身法式餐廳之中。咖啡杯破了一角價格便低了，我常常花不足百元種上一株蝴蝶蘭，雅致的氛圍便成了書房小物。

銀製的湯匙或者咖啡攪拌器美不勝收，價格不高，偶爾買上幾把當作隨身用品；百年前的設計卻不顯老，規格、工法與用心度全數破表，增一分則多，減一分則少，歷久彌新，創意成就了這些風采。

「百年經典」需要的就是創意，有了它才有機會傳世久遠。

畫家梵谷、畢卡索與作家海明威、王爾德都對法國的「小黑筆記本」鍾愛非常，這款經典分成口袋型與手札型，樸素硬殼的油布封面、彈性束繩、緞帶頁繩，設下了難以跨越的創意障礙，曾經一度停產。一九九七年由義大利米蘭的一家公司接手，九乘十四公分的小黑筆記本五百元起跳，但仍受到粉絲追捧喜歡。

造型簡單的索內十四號椅，一八五九年由德國索內公司生產，傳承一個半世紀早無版權；因為太好用了，世界各大名牌家具瘋狂仿製，極簡風非常適合現代，這張跨越一百五十年歷史的椅子再現風華。要把木條彎成同一弧度，以目前的科技製作一點也不困難，但手工年代就很有難度，必須用蒸氣加上高壓技術以及精湛的手藝，才能做出彎木椅，更難得的是，所有的配件都可以拆卸再組裝，應是組合家具之先河。

麥金塔背椅也是有名的經典款椅子，與十四號椅齊名。椅背奇高，特立獨行上百年，設計者是蘇格蘭的建築師查爾士・麥金塔；它是一張經過精密計算的椅子，有拉長視覺的作用，讓家具不止服務軀體，也要服務視覺，影響爾後的日本美學。

輕巧且攜帶方便的瑞士刀是一八九二年的創意，到現在還被人津津樂道，不退流行，真是令人欽佩。荷蘭的 Gazelle 腳踏車擁有百年風華，材質、設計依舊摩登，是現今強調休閒功能的新寵，百年依舊散發出經典魅力。

別以為一百多年前的器皿一定很俗氣，一八七八年由英國設計師德瑞索設計的德瑞索圓盤完全打破迷思，它不僅摩登而且散發貴族氣息，線條極俐落，讓人以為那是廿一世紀的最新產品；這麼多年來造型不變，只加了三根止滑的支點設計與材質上做些微調，極簡耐看的「百年圓形托盤」，再走一百年也非難事。

以上這些設計精品，統統穿梭百年以上，誰想過它的勝出妙法？答案是難以超越的「創意」，顯見好的點子具備了無法取代的特性。

富蘭克林說：「把財富放進腦袋裡，就沒有人搶得走了。」

真的，那叫「智慧」，別人很難搶走它。如果揮汗淋漓的工作才能得到一分錢，那頂多是「勞力經濟」，很容易被任何人給取代。夠特別、不易被人模仿的則是「腦力經濟」。

貼心話：

勞力經濟與腦力經濟的最大差異是，前者做得像牛才有錢，後者是打開水龍頭錢便流了出來。

成就的萬能鑰匙

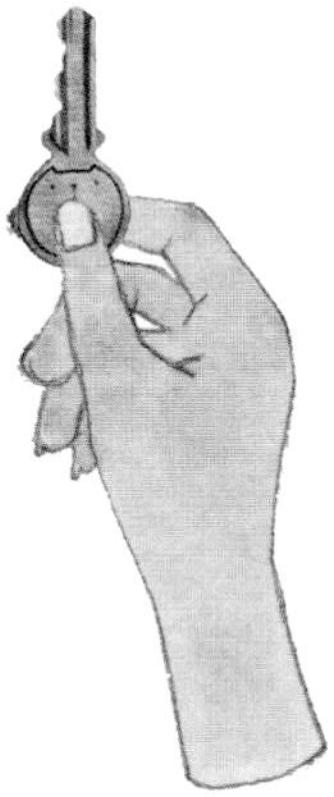

蕭敬騰的專訪讓我時而思考，時而同他一樣啜泣、淚眼濛濛，一則則美麗的往事從他口中流淌而出，尤其與奶奶之間的真情很難令人忘懷，思念如泉，使人聽了鼻酸。他一再提及想把成就與奶奶分享，除了老人家是他的人生助力之外，我還清晰聽到他的努力：「很多人看見我的一點點小小成就時，都不知道我是非常非常努力的。」

他用了兩個非常，表示真的很努力，的確，沒有任何一位小有成就的人會說自己不努力；學校修的只是基本功，無論多優秀厲害，出校門便是歸零，知識重整，去蕪存菁再出發。葛拉威爾在他的著作《異數》裡這樣寫道：無論哪一種行業，一萬小時不斷練習的苦功夫都是成功的一種必要。

運動選手。

麵包師父。

鋼琴家。

圍棋大師。

舞蹈家。

作曲家。

米其林大師等等……

沒有人可以自外於這個理論，少了這一萬小時的認真努力與苦練，即使是天才也發揮不了什麼好效果。

一萬小時的「自我修煉」是能否成仙的希望工程，如果天天花兩小時充實專業，一萬小時是五千天，大約接近十四年。這是由學徒到專家的歷程，一步一腳印，分毫減少不得。

阿基師當學徒八年，副主廚八年半，共計十六年半才升上主廚，前八年同事可能叫他「小基」，當了副主廚後改叫「阿基」，學成了才被尊稱為「阿基師」；朱銘從學徒到大師的雕刻修行何止十多年，而是一輩子，精熟才會被看見；羊羹老奶奶稻垣篤子的信條是三點五公斤的紅豆要熬製三小時，她說沒有理由，那是一種堅持，一定要的。

可見一位專業者的養成並不容易，關鍵不在學歷，而是主動、積極、勇於面對、堅持到底等等精神，如果加上閱讀便如虎添翼。

長長的受教時間真的不可以只教會孩子讀書考試，更重要的是自覺不夠時，願意主動再修煉的精神。一位老闆告訴過我，不會沒有什麼可恥，裝懂才可怕；不會的很容易教會，但傲慢的則不容易教會。

詩人濟慈曾給快樂下了很多不同的定義，我最喜歡其中之一：「快樂只是一件事：成長。當我們比以前更加成長便會感到快樂。」

成長是一段長長的軌跡，從無到有，不可能憑空而來。就算起步時未必是領先者，但帶著騰空的行囊一路裝載知識智慧，直到「準備好了」就是贏家。

「一輩子」、「永遠」、「勇往直前」是口訣，優秀者不會說「一下子」、「立刻」、「馬上」，時間是成長的重要利器，少了它，很難從成長到成熟。

只有十五歲，知識的行囊空空如也其實沒什麼好擔心的，「空」正好「裝滿」，但如果三十歲了還是空的，就有點沒長進；十七歲時血氣方剛是對的，若四十歲依舊如是就有點過了，沒有成長。大學生對事物的看法淺短，何罪之有？但不可以五十歲還無深度，那可就注定辛苦一生了。

想擁有真本事，就得多出幾把刷子。

不下功夫就可以成為一流，在我看來根本是無稽之談，不可能的事。吃得苦中苦，方為人上人，才是管用的實話。

某一個領域，只要一提及便有他，這個人一定是占有一席之地的專業者。自我要求甚嚴、不在乎他人眼光、不放棄高標準，是這些人奉行不渝的戒律，人才根本不是天生的，後天的努力勝過一切。

金恩博士有句名言：「無論做什麼，都要成為該領域的藝術家。即使是清道夫，也要做到清道夫的藝術家。」

這話我懂，他的意思是，一件事不僅要做好，而且要做到唯美如畫。

專業的最高境界不止是專業，而是借由專業說話，講出心中的哲思。李安、林懷民、李國修、阿基師、嚴長壽等人各有不同的專業，都像哲學家，他們用電影、舞蹈、戲劇、廚藝、教育譜寫人生哲學。

《秘密》曾是茶餘飯後被討論的主題，根據書中說法，人們所要做的其中之一便是「觀想」，這樣一來好事就可以進到你的人生。它鼓舞了一步登天的信仰，相信輕鬆可以致富，這對那些不願意下必要功夫的人確實有著致命的吸引力，可是我常想：「這真的是成功的關鍵嗎？」

有段時間我常被問道：「你讀過嗎？」「你相信嗎？」我確實讀過，而且不信，因為成功的秘密就是沒有秘密！

秘密？我相信的秘密只有一個，它叫「努力」，唯有這把「萬能鑰匙」，才能夠打開人生之中所有困難的門鎖，通往任意門。

貼心話：

如果真有運氣或者奇蹟，送來的童子一定叫作「努力」。

永遠不嫌遲

Chapter 4

按比例來說，利用讀書這件事成為人生贏家的，應該不是多數，因為前三名只有三個，第一名只有一位，第一志願只有一所學校，那是千中選一的事情。如果讀書考試可以決定人生，那麼輸家一定遠比贏家多得多。

受學校教育的時間在人生之中也不算多數，至多是一部分，重點不是輸贏，只是求知。分數也非讀書真實的計量方式，頂多是外顯的數字，但真正需要的是內化，吸收、消化之後，是否可以反芻成為實用於生活的知識。

脫離學校掌握可能是有益身心的事，很多人因而才得以像脫韁野馬一般快馬加鞭，一路趕上，漸入佳境。

李國修老師這一類型的人，蓋棺論定之前《卓越雜誌》便把他譽為「在臺灣沒看過李國修的作品，就不算是活在臺灣」的大師級人物；他是華人劇壇中難得的全方位劇場藝術家，絕對當之無愧。中年便成為第一屆國家文藝獎戲劇類得主，集創辦人、劇作家、導演、演員於一身，有「臺灣莫里哀」的美名。

《西出陽關》、《京戲啟示錄》、《女兒紅》、《莎姆雷特》、《北極之光》……等等三十齣叫好又叫座的大型舞臺劇，齣齣精采，是臺灣劇壇創作力相當旺盛的風雲人物。

得獎無數的他靠著生命、情感和記憶來創作，擅長解構主義，能將臺灣社會現象及小市民心理，處理成悲喜交加的戲劇文本，也是臺灣劇場創作者中最精闢於解構之道的人。

現在看來風光不已的人，人生前三分之一的學校生涯根本就是輸家，聯考三次不第，父親還因而說出名言：「考不死就是活著，那就有希望了。」最後落腳五專的世新廣電科，誤打誤撞進到最愛的表演領域。他以這個學歷，用專家的身分被大力延攬成為臺北藝術大學劇本創作研究所、臺灣大學戲劇學系兼任副教授，以及政治大學、中山大學、世新大學、清雲科技大學等駐校藝術家。

李國修的人生起伏很特別，教育思考也很特別，笑看人生的他與妻子王月曾共同出版《119父母》，闡述他心中的教育觀點。比方說「讓孩子輸在起跑點」、「給孩子三樣法寶——愛、想像力、幽默感」等觀念，引發關於親子教養的熱烈迴響。

他不是教育家，但比他們更懂教育！

他的人生是謝幕了，但許多熱愛他的人卻很不捨。算一算很值得，他輸在起跑點但贏在終點，他的出發很晚，但永不嫌遲。

貼心話：

人生裡沒有遲到這件事，只有不夠用心的人。

當孩子的伯樂

千里馬若能遇見伯樂，那就是最完美圓滿的。

可惜的是，我們遇上的干擾者數量遠多過提點者，東拉西扯，才壞了孩子的人生。遺傳基因是事實，人生下來之後，某些事兒便有所決定，比方說聰明才智、是否會念書等。我們都念過書，的確發現有些人的天資遠勝過你我，資質優異者，他們總被老師形容成標竿人物，要求我們學著點；他是駿馬，我們是螻蟻，只能在他那馬蹄烙印過的泥巴堆徘徊，根本跟不上他的速度。他們在考前是不必複習的，打籃球、踢足球，弄得滿身大汗，再到圖書館把書包一拎，吟唱著歌回家，隔一天考試，發了成績單，他硬是第一名。

惱呀！

我比他努力、比他用功，背得多、習題也做了不少，就是超越不了這座山；下一次月考，索性陪他打球，看看他玩真的假的？他照樣在球場上奔馳到滿身大汗，書包一背回家去，我們也學他一個樣，可是成績發下，他依舊第一名，我們罰站去了。

「資質有差。」

這是老師的評語。

從那一天開始我便認識了這個生命裡的新詞彙：資質。

我在這一方面顯然贏不了他，那還有什麼憑藉？

從事心理治療這麼多年遇過的這類人為數不少，讀書考試對他來說真的不難，好像一條小水溝，跳一下就過了，可是人生不可能停留在這一條水溝前。大學畢業之後，人生換了另外一種新的套路，不再只有成績，才發現人生多麼不同。不止分數，還有許多別的，學校排名贏了，未必同時是人生的贏家，很會考試的，未必真心喜歡上學求知；得到好分數未必快樂，人生太多元素了，單單一樣是不成的；脫離學校的運行才發現是另一種運行模式的啟動，如果保持一種運作方式，顯然無法轉動人生這臺大機器。

贏在起點上反而更早氣喘吁吁，半途而廢，撐不下去，很多人大學未畢業便大聲哭喊：「我受夠了！」

人生不是自己一個人就可以完全譜寫美好的，最好有伯樂。

父母是首選，如果能及早知道孩子的優點是什麼，往哪一個方位走才是對的，即使幫不了大忙，但拍拍手、說好話，給他掌聲也是管用。有時候我們以為應該給孩子很多才算好父母，不，事實上給的不多，孩子才會得了很多。他有行囊，而且是空的，你把它裝滿了，就全是你的；他自己裝滿的，才是他的。

再來是師長，如果可以助他們一臂之力，孩子的人生可能就更有動力。小四時，老師在作文簿上寫下讓我記憶一輩子的話：「特優標準作文。」這句話彷彿有魔力，一直跟著我，假使有一天我很想放棄寫作，它便如影隨形幻化出來鼓勵我，再次向前走。老師其實沒有做什麼，但是光這一句話，就如同送我一顆電力飽滿的電池。

參加文學獎沒得名次，我常埋怨評審眼光，說自己是遺珠之憾，但終究發現自己是「豬」不是「珠」，其實是尚未準備好、火候不夠。

但永不嫌遲，只要肯進修懂充電，機會多得是。我沒得過文學獎，卻是文學獎的評審，這倒是很有趣的事。

貼心話：

孩子初時都只是一顆樸實無華的石頭，只有相玉師才知道他是一塊玉。

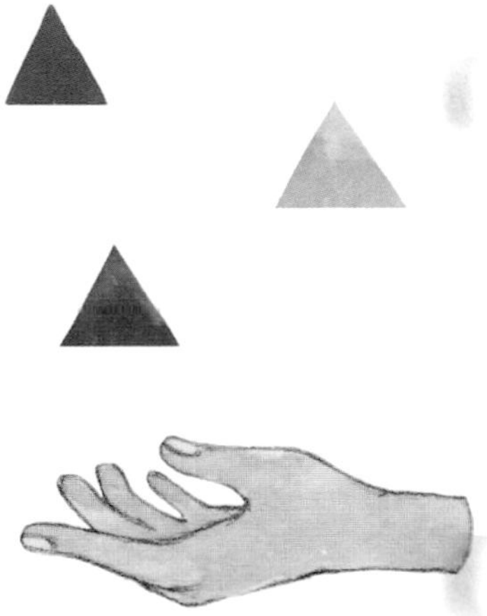

轉彎的人生

當年選讀第三類組，並非因為成績特別優異志在行醫，而是在舊書攤裡尋獲一本長青出版社的《非洲之父史懷哲》，介紹仁醫史懷哲的故事；心想有為者亦若是，便把念醫科當醫生不小心寫進了人生夢田之中，但是後來沒有考上醫學院就與他無關，是我自己的問題。

史懷哲的求學歷程豐富且有趣，他最有天分的其實是音樂。

五歲跟外祖父學鋼琴，七歲時便寫了一首讚美詩，並編寫和聲附在合唱曲的旋律中；八歲便能彈奏昆士巴赫教會的管風琴，這是他們家族共有的才華。十五歲拜名師尤金・孟許學習管風琴，十六便能擔任伴奏，十八歲遠赴法國巴黎追隨著名的管風琴泰斗魏多學琴，二十三歲再拜李斯特的高徒杜勞特曼學習鋼琴。到此為止，史懷哲的所有青春幾乎皆與音樂有關，即使二十五歲時當上牧師，也不忘研究音樂理論，並開始管風琴音樂演奏的事業。

史懷哲的轉折是二十九歲那一年（一九〇四），聖靈降臨節早上，他閱讀一本巴黎傳教者協會的刊物，書中提及非洲叢林需要醫療服務的呼籲，其中一篇文章題為〈剛果區傳教工作的需要〉：「在非洲大陸叢林中，生活著一大群不信主的土人，該地沒有傳教士，生病時沒有藥吃，他們不懂真理、知識低落……凡是那些能堅決回答上帝的呼召，勇敢的說：『主啊！我要跟隨您』的人，就是我們需要的人……」

史懷哲當下有了決心：「三十歲以前要把生命獻給傳教、教書與音樂，要是能達到研究學問和藝術的願望，那麼三十歲以後就可以直接進入一個立即服務的方向，把個人奉獻給全人類。」之後真的進到醫學院修習現代醫學，把人生推向另一個高度，實踐自己的諾言，遲至三十八歲才獲得醫學博士學位。

他的下半生幾乎都奉獻給了非洲，只離開過這塊大陸兩次，稱他為非洲之父，應該一點也不為過。那時候的非洲人平均壽命才五十歲，他卻以三十八歲高齡深入蠻荒行醫，的確老了一些，但他卻活到九十歲，看來也不嫌太遲。

主張非暴力革命，奉行不合作主義的甘地，我們一點也不陌生，很多革命家後來都點名是以他的精神從事民主革命；但他非凡的智慧、超人的膽識和堅強的意志並非一時一刻俱足，四十歲之前僅僅是名出色的律師，同時也是紈褲子弟。印度是一個奉行種姓制度的國度，階級很明顯，而他出身於印度一個古老的家族，這種優越的背景使他有機會到英國接受高等教育。

原本他一心想當英國人，學戴高帽，卻無論如何也改造不了印度裔的身分；他終於理解，膚色與民族是永遠改不了的印記，真正需要改變的是這個國家。於是他返回印度，帶領民眾從事寧靜革命。皇天不負苦心人，經過長期的鬥爭，印度半島終於建立兩個獨立的主權國家：以印度教為主的印度，和以伊斯蘭教為主的巴基斯坦。

一位在三十歲人生轉彎，一位是四十歲才理得人生道理，他們倆的人生都經過轉折，但並不嫌遲。

大多數人想要改造這個世界，但卻罕有人想改造自己，這大約便是他們與別人的最大區別了，所以能夠迎向不凡人生。

貼心話：

人生是一條曲線，無論怎麼轉，只要保持前進，就會到達終點。

人老
還是心老？

張心漪這個名字也許一般人很陌生，但她的外曾祖父曾國藩可就赫赫有名，她早年便在報章雜誌發表多篇小說、散文，譯作包括《林肯外傳》、《殘百合》……等十冊，更在臺大外文系任教過二十五年，作家白先勇、陳若曦、王文興都得喊她一聲「老師」。譯作不少，但自己的作品《心漪集》，卻遲至九旬才問市，堪稱臺灣最年長的作家。

「她活出長者的智慧，心靈的美。」

很多事她都是過了七十歲之後才學習的，而且堅持不輟，一直保持高昂的興趣，比方說書法。每個星期二早上，九十三歲的她必定坐在書法家陳瑞庚旁邊，提起手腕寫書法，一點一橫，專心把字寫好，每週兩小時的書法課，二十四年從未間斷。

到了星期四，她則會穿著亮鑽紅色絲絨尖頭包鞋，手拄枴杖，來到音樂老師彭樂天的琴房。拿起麥克風，從丹田發聲、練唱，詠唱曲中意境，學了將近十年的歌唱，張心漪興致不減，快是人瑞的她，秘法看來是學而不倦。

八十五歲算老嗎？

齊邦媛老師就是以這個年紀出版了書寫經歷戰亂一生的《巨流河》，引起極大迴響。從八十歲那年開始，花了四年多的時間，撰寫二十五萬字的回憶錄，映照波瀾壯闊的歷史長河，記述縱貫百年、橫跨兩岸的大時代故事，九十歲再出版《洄瀾：相逢巨流河》一書。看來「老」這個字的定義不一定是用年紀，而是心態，當你覺得自己老了，肯定一事無成，如果覺得還有可能，便什麼事都可能發生。

寫過不少膾炙人口作品的蘇珊・傑佛斯，真正提筆寫作已逾四十，她個人的故事也非常精采。懷了孩子致使大學輟學，閒晃四年，自信心崩壞，後來重拾大學生活，一路攻讀研究所與博士。出乎意料之外的進到寫作行列，剛出書時根本沒有人想買，而今被《時代》譽為勵志女王，解救了很多人的心靈。在她看來三十歲、五十三歲與七十歲是沒有差別的，重點在心。

比起這些人，任何一位還在就學的學生、剛出社會沒多久的人，都算年輕人，他們都不覺得老了，我們豈敢言老？

人生本來就是一條不歸路，像轉輪一樣永遠向前走，不會後退，一直想著以前如何如何是毫無意義的事。人也未必一直就是輸家，保持均速前進的人，即使速度比別人慢了一點，還是有機會到達終點站。

但你要確定的是，自己是兔子還是烏龜，這是兩種不同的動物，速度與生活習慣不同，不必用相同的方式去演人生，可以各演各的。

我遇過二十歲不如人的人，三十歲很出色，原因呢？

他說二十歲時沒有準備好，但後來有所準備，行囊裡有貨，便愈演愈上手了。

人是一個整體，不是片段，不是無或者有，而是從無到有之間的歷程。如同一顆種籽，只要播下去了，而且真的有澆水與施肥，便可以慢慢積累，蓄勢待發，最後從土裡冒出新芽。

我在大學時期有一個怪怪的綽號叫作「尷尬」，單看這兩個字大約便能猜出是多麼不出色、連講話都會結結巴巴的人。沒有同學會相信，有一天我是一個能站在臺上，不用任何輔具，侃侃而談數小時不會有重複話語的人，這與當年上臺只能說「我我我」的年輕小伙子怎可同日而語。

設定目標，朝那個單一方向前進是我的魔法，我只要知道可能需要什麼道具，花時間去找就好。筆與筆記本是我大學四年的特色，我喜歡聽演講，嗜好做筆記，一場演講裡只要有一句話打動我，就算有所收穫。根據我的經驗，通常不止一句話，有些講座我常寫滿心得，這些後來都成了萃取人生哲學的湧泉處，其中含藏不少創作上可以用得著的醍醐灌頂。

無論何時種下的苗，其實都有長成的一天。

貼心話：

機會原來永遠都在，只是看你想不想取得。

保持韌性

諾貝爾獎名單出爐的時候，閱讀到一篇文章解開了我的迷思：為什麼醫學獎得主的年紀普遍偏大？答案是從醞釀到提出論點，一直到最後驗證確實，大約得經過二、三十年的試煉，所以比起其他獎項得主年紀便大上許多，真是有趣。

科學家便不一樣，三、四十歲是巔峰，五十歲思路包括體力都下滑，六、七十歲只是收成期，等待獲得崇高的學術獎項（譬如諾貝爾獎），得獎的創作多半是中壯年時期就孕育了，那是最有爆發力的年紀。

人生是一長長的線，不可能橫生枝節或者硬生生剪斷，後果必定與前因有關，怎麼栽方可如何得，不耕耘就有收穫是天大的笑話。創作是不輟的，而且永不嫌遲，有人是明河，是我們眼前看見的大江大河；有人是暗河，一條伏流，多半在地底流動，但最後冒了出來。無論哪一種都是河，不可能沒有水源，突然間澎湃成湖，也就是說一分努力一分得，這是天經地義的事。

以科學為例也是如此，每一個年紀思考的點完全不同，三十歲可能是「了解科學」，經年累月之後，科學便變成哲學，開始有了不同角度，不一樣的觀察，甚至添加人文寬度，不再只是研究，而是去想如何益於社會全民。

我猜想愛因斯坦八十歲高齡講授的物理學可能與五十歲時截然不同，因為人生豐富了他，層次當然不一樣。

大器晚成是常有的例子，我特別喜歡著名探險家身兼畫家的劉其偉老師，學畫時年紀已屬高齡，但卻卓然有成，成為一種有意思的畫派；蘇軾與蘇轍的父親，人稱老蘇的蘇洵，二十七歲才發奮讀書，最後也能與兩個兒子並列三蘇；袁紹身邊的一位門客，名叫崔琰，從小喜習武藝，到了二十三歲始讀《論語》、《韓詩》，求師學習，由於他刻苦努力，學問也逐漸多了起來。二十三歲與二十七歲從平均壽命早逾八十的現代看來不算老，但當時平均只能活到五十歲，算遲了。

J・K・羅琳從靠領政府救濟金度日、與女兒相依為命的單親媽媽，在《哈利波特》系列風靡全球後，一躍成為全世界最家喻戶曉、最會說故事的魔法媽媽，這其中的美妙變化值得一提。

《哈利波特》粗估全世界狂銷四億本，作者羅琳因而贏得無數榮譽，包括：大不列顛年度最佳作者暨最佳童書、史馬堤書卷獎金牌、惠特比最佳童書獎、英國書商協會年度最佳作者、美國圖書館協會傑出童書獎、英國最佳暢銷書白金獎、《出版家週刊》年度最佳好書獎、蘇格蘭藝術會議年度最佳童書獎，以及英國女王頒發的英國皇室傑出勛章等。

《時代》雜誌選她當年度風雲人物，美國《富比士》雜誌說她是英國最具影響力的女性；但在風光之前，她是個如假包換的失敗者，離婚的單親媽媽，抱著襁褓中的孩子在咖啡屋裡寫作度日，根本不知道有沒有明天，因而罹患了重度憂鬱，幸運的是她並未被擊倒，而是重拾笑容再出發。

「失敗代表了摒除不必要的事物，我不再自我欺騙、乾脆忠於自我，投注所有心力完成唯一重要的工作。要是我以前在其他地方成功了，那麼我也許永遠不會有這樣的決心，投身於這個我自信真正屬於我的領域。我重獲自由了！因為我最大的恐懼雖然降臨了，而我還活著，我還有個可愛的女兒，還有臺老舊的打字機和偉大的構思。曾經跌落深邃的谷底，卻變成日後重生深厚的基礎。」

這是J・K・羅琳在〈失敗的好處和想像的重要性〉一文中告訴我們的。

貼心話：

只要你不相信失敗會把你擊潰，你就能站得起來，續演人生。

贏在終點

「零點一大於零」是我堅信的人生哲學。

零點一很小，卻是「正數」、「加法」，很多零點一加起來會很大，有了決定性的力量。

「起跑點」其實不是人生的關鍵所在，以為起跑贏了，就是贏家，事實上很多時候卻是相反的。從進校門到畢業離開，頂多像上了一趟少林寺，學幾趟拳路，打過十八銅人陣，但對江湖的事依舊一竅不通，仍得學著。這段時間不長，我們卻花了百分之九十九的力氣，最後氣力放盡倒在終點前。

「贏在終點」才是完美的，續航力比學歷重要得多，人生路崎嶇不平，隨時有風險，隨時要轉彎，有時候停下來也有不同風情，不必急於一時，急於一刻。山不轉，路轉；路不轉，人轉。轉念處有風情，讓一步天下無事，退一步便是海闊天空！

人生漫長，語彙裡不該只有贏，樂趣應該算計在內，不快樂、沒興趣，即使家財萬貫也苦不堪言。

一位大學聯考狀元就曾在報紙上投書，訴說自己這段心路歷程。他覺得自己贏在起跑點但輸在終點，讀書讀到沒氣，所以提不起勁，沒力了連走下一步都難，更慘的是，除了讀書他想不出自己還會什麼？他建議父母們不要重蹈覆轍，讓孩子有力有氣把人生走下去，就會有希望。

希臘有句俗諺這麼說：「當時間存在時，要及時捉住它，因為時間過去了便沒有時間了。」

弄懂一門功夫，真的沒有我們想像的那麼簡單，三年、五年只是入門，想令人刮目相看，大約非十幾二十年不成，可能還得兼備富蘭克林的功夫：「一個今天值兩個明天。」

全世界公認的兩位超級天才：愛迪生與愛因斯坦，都不相信天分這件事。

愛迪生說：「我只有一分天分，九十九分是汗水。」

愛因斯坦則坦言：「我只有一分天分，九分是努力。」

牛頓、瓦特等著名科學家，在學校表現平凡，成績並非佼佼者，甚或被誤會智能低下。

一百一十公尺跨欄的奧運冠軍劉翔，起跑的反應速度是八名決賽選手中最慢的，但他最快抵達終點，取得金牌。

這些人全輸在起跑點上，但都贏在終點。

寫過《康熙大帝》、《雍正皇帝》等膾炙人口著作的大陸著名作家二月河，一直記得母親在他年輕時說過的一句話：「絲瓜長得快，一晚一寸，很快就結出瓜來了，但最後長得高壯的是水杉。絲瓜攀附而長，沒得攀就長不成，但樹木是自己長的，不靠別人才能長得好。」

絲瓜與水杉當是不同，各長各的也行，但如想讓水杉長成水杉，就不可以一味的貪快，慢慢來方是良策。

貼心話：

「真本事」才是把人生演好的實在本錢，千萬不可以只有「偽學歷」，身上只帶一張紙製的文憑，就說自己多厲害，無疑更像騙子，只能行騙天下。

打造自己的金字塔

Chapter 5

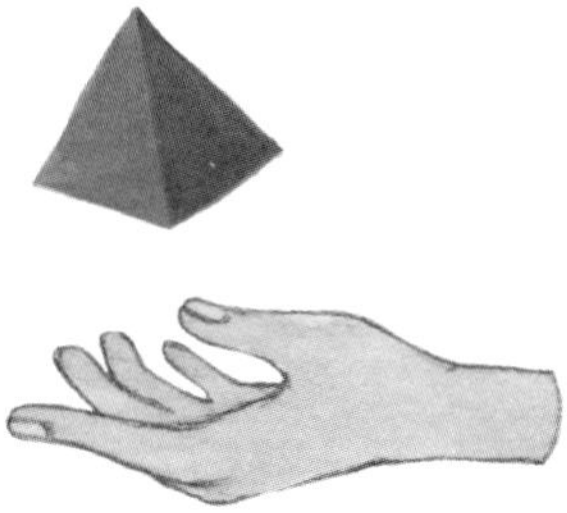

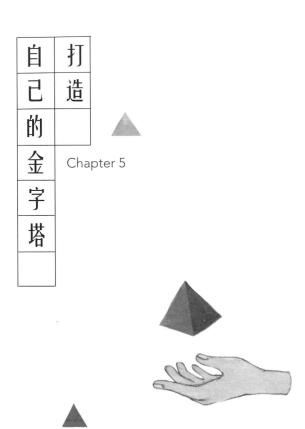

請讓我用火紅的十二年國教引來的爭議當作引言，導出我的金字塔理論。

書寫這本書的同時，八、九點的政論性節目老是針鋒相對，罵聲不斷，讓我不由自主的帶著「會考」的紛擾入夢，真是一夜不好眠。徘徊的是，如何把這件如同瞎子摸象的事解釋得更清楚，讓站在山的兩邊、不同視角的人能同時理解教育。

媒體又在興風作浪了，舉一些不知如何填志願而「抱頭痛哭」的例子，提議「更改分發」模式，因而談到「公平」。只是順了姑意，會不會逆了嫂意，再度禍起另一面蕭牆？

「公平」這件事本來就是字典裡的一句語詞，現實生活裡難以存在，所謂的最公平，往往是從私心的角度解讀的，不是嗎？

看來如果不從教育的本質理解，會考根本無解。

教育是什麼？

我是個教育者，只懂得講出它的真實意義。

簡單言之就是教出一技之長而已，又叫「真本事」，「順性開發」與「適性揚才」是兩條重要軸線；經過二、三十年時間淘洗之後誰都會明白，學校不可能成就一個人，而是出色的人成就了學校。所以我們會說某某人是某校畢業，但某校未必是名校，李國修讀的是世新專科、李安在藝專求學、魏德聖在遠東工專就讀，他們全是考試的失利者，但適性依舊揚了才。

學習的本位是自己，態度才是一切，它是高度與遠見的來源。恃才而驕反而不是優點，而是缺點。

大人對於這些外界事物的反應，孩子全看在眼裡，這叫「身教」，烙印之後會再一次用這種方式行之，那叫「輪迴」。如果大人想不通考試只是一次很小的經驗，根本占不到人生的百分之一，餘下的百分之九十九還有一大串挫折、壓力等著，又該如何跨越？

造成這麼大爭議的教改該怪誰？持平來說對象應該是「政治力」。原始設計本來是去繁為簡，依國中的學區制住哪裡就唸哪裡，好簡單呀！是誰說這不公平的？

更深層的原因則是「扭曲的菁英教育」，這些人會說阿基師很棒，但不會相信他是菁英。

菁英是什麼？

會讀書的人？

會演戲的梅莉・史翠普算嗎？

會唱歌的江蕙算不算菁英？

舞蹈家林懷民是菁英，因為他會讀書或者跳舞編舞？

如果這些人都是菁英，金字塔就不止一座，而是N座了。

在這些金字塔之中，幾乎都離不開愛迪生的名言：「我的天分只有一分，其餘的九十九分是汗水。」

行行出狀元，表示每個人都有天分，但不是單單指讀書考試與分數。天分的存在是無庸置疑的，早有明證，重點是人人的才分都不相同。

根據《自然》雜誌的報導，牛津大學早在一九九〇年代就對英國一個連續數代都罹患語言障礙的家族進行研究，代號「ＫＥ家族」。

ＫＥ家族的人無法順利控制嘴唇與舌頭，甚至連組織詞句、運用語法都成困難，但研究團隊始終找不出確切問題所在。一九九八年，科學家終於成功將「ＫＥ家族」的語言障礙基因範圍縮小到第七對染色體區域內，最後總算發現「ＦＯＸＰ2」是關鍵所在，造成ＫＥ家族代代語言障礙的原因，正是緣於ＦＯＸＰ2基因遭到破壞。

馬克思普朗克的研究團隊試著將人類的ＦＯＸＰ2基因移轉到老鼠身上，取代老鼠原先的ＦＯＸＰ2基因，發現「人性化」的老鼠擁有更長的樹突神經元，幫助神經元彼此溝通；簡單來說，擁有人類ＦＯＸＰ2基因的老鼠，變得更聰明，學習力更強！

不僅語言能力如是，恐怕連人際關係、科學能力、學習能力等等以智力當作判斷標準的菁英多數與天賦脫不了關係，與生俱來。如此看來會讀書考試並沒有什麼稀罕，頂多說明他就是蘋果，但蘿蔔也有自己的天空，那座蘿蔔金字塔，還是需要爽口的頂級貨以饗老饕，兩座金字塔各有千秋。

貼心話：

人最不該與別人相比，因為永遠不可能相同；與自己比才是關鍵所在，才是你的金字塔。

個別差異就是事實

香蕉是我嗜吃的水果之一，它的淡香與熟後的甜度很有吸引力，但我不會用同樣的標準去評鑑荔枝或者蓮霧；含笑花溢流的香氣是我愛戀的，香氣裡藏了童年的味道，開車時我習慣在座位旁擺上幾朵，讓車內生香，但我不會把它與香蘭的味道相提並論；我喜歡日本車的實用與性能，但不會因而就說賓士車不好。

人的才華與此無異，彼此大不相同！

個別差異不是理論，而是事實，就像人的手紋一般，沒有兩個人是一模一樣的，我們都是世界上「唯一」、「特別」、「獨特」與「稀有」的人。

要求孩子與眾相同不僅不合理，同時可能是緣木求魚的事，那是天方夜譚。孔子「術業有專攻」的道理大約就是如此，教育不是要求孩子成為超人，而是發現他的真實能耐。

我家在同一時間種了金棗與橘子，父親常常這樣問我：「哪種水果比較好吃？」它們的甜度其實不同，喜歡酸的人說金棗好吃，愛有水分且甜一點的人，會說柑橘好吃，我則以為兩者都好吃。這就如同教育一樣，誰棒？出色的導演與音樂家都棒，端賴從何種角度觀之，但可能都不是分數決定的。

我在讀書考試這件事上可能比父親出色多了，但他對四季的理解，風吹草動、蟲鳴鳥叫之類的天籟，農作物熟化發出的聲音，天地間的自然律動，甚或經由歲月催化的人生義理，我可能還得再過很多年方能趕上他的水平。老爸小學未畢業，只讀幾天書，但說的話，我記了一輩子，還在反芻中。他一直是我心目中的智者，原來智慧並不完全存在於書中，有人靠讀書考試取得，但有人讀了一本隱在天地裡的「大自然之書」，讀出哲思與品味。

即使人生重來，用我的方式重新編組自以為曼妙的組曲，把父親放了進去，他也未必是一個好的學者或作家，也許依舊是一位好農夫，能夠種出甜度合宜、香味四溢的水果。

「智慧」兩字在專家的眼中應該至少分成兩種：先天與後天，有形與無形的。遺傳是先天的，也是惱人的，因為無法強求，只能依著它的軌跡尋覓最好的去處，這便是我「金字塔理論」的精髓所在。

每個人該用心打造的不是別人的金字塔，我們都有一座自己私屬的，也許不是音樂但卻是美術的，舞蹈家不該是科學家，音樂家不是醫生，麵包達人不會拍電影，但是可以各領風騷。

「誰把你生得這麼笨！」

我在回家的路上不經意聽見一位橫眉豎眼罵小孩的媽媽，口中喋喋不休的囈語，孩子後來反擊：「要不然，你把我放回去！」

他被生下來之前，應該不會知道誰是爸爸、誰是媽媽、生在何種家庭、智力如何等等，他毫無選擇權。但孩子是我們生的，就有責任教出屬於他自己的樣貌，如果只會埋怨，那真是有愧！

個別差異是生出來就存在的，爭也無益，教育的精神其實在於「順」字，順天、順性、順勢、順命而行，把上帝給予的做到極大值。

愛因斯坦在物理學界的地位無庸置疑，但是文學可不是他的專長，情書結集成的作品《情書：愛因斯坦與米列娃》，我花了一些時間讀完，證實一事：他真的是物理學家！

馬克吐溫是書寫兒童故事的佼佼者，但投資理財像極笨蛋。

差異的存在，代表著人有勝任與不能勝任的事，我們都該找著自己可以勝任的事、喜歡的事，讓主動取代被動，樂在工作。

貼心話：

天底下沒有任何一對一模一樣的人，他們全部是獨立、稀有、特別的，蘋果不可以用柑橘的方式栽種。

千萬個金字塔

「非A不可」不是好的教育想法，真正利於孩子的好理念應該是：萬一沒有A，那麼B、C、D是什麼？

考不上醫學院的王，在醫生爸爸的眼中一度是廢物，大學四年，除了繳學費之外，其他時間幾乎互當空氣，講不上幾句話。但是學農的他，卻是一個很有創意與熱情的農學院教授，常常自付差旅費用，不辭辛苦上山輔導原住民朋友新的有機種植技巧，在這個領域他不僅專業而且成就感十足。

「即使當年考上醫科，我也不會是好醫生！」

如此優雅豁達的一句話應該可以點醒很多人，在別人設計的金字塔裡，王未必是贏家，但潛回自己的金字塔中，除了工作卓越之外，還有餘力扭轉農業困境。比方說他知道小農的辛苦，通路是問題，有機種植也有難度，他便苦思解決方略，通路的事更用文創來克服，土鳳梨變為身價非凡的土鳳梨酥、米變成上等的禮品、茶葉有品牌、桑椹化成高級飲品，如果沒有興趣，便不會投身其中，成就這麼美好的事。

做自己喜歡的事才是王道！

教育本來是哲學，我們當它只是技巧，便有點可惜。

考試這麼小，人生這麼大，考試能決定的，人生全都派不上用場；人生要的，考試全沒考，以至於演來全變成錯、錯、錯。每一個行業都有高度，都是一座金字塔，沒有付出不可能攀登頂峰，這是人生中真實的情況：千萬座金字塔。

考試考出來的頂多是職業類別，它們都有各自的金字塔，想要出類拔萃都非易事，都得備有各自的獨門功夫、努力的竅門、無法免除的辛苦，從來沒有一座金字塔是用分數評比，即使成功的方程式不盡相同，但難度一致，偷懶不得。

菁英只是一個行業的行家，不是諾貝爾獎得主，即使真的得到冠冕，頂多代表物理或者化學界的泰斗，未必懂教育，其他的領域則是別的行家事了，誰都得花費一輩子的心力。

波蘭裔法國籍女物理學家兼化學家居禮夫人、美國物理學家約翰・巴丁、一同得到諾貝爾獎的布拉格父子、德國物理學家瑪麗雅・梅耶、華裔科學家楊振寧和李政道、丁肇中、李遠哲、朱棣文、崔琦等人，分別在不同年代榮獲物理或者化學方面的獎項，哪位不是在科學研究的實驗室裡待上很長一段時間？

獲得桂冠的人憑藉的是努力，不是分數。

我在搜查這些人的資料時得知一事：分數與好奇心可能是敵對的。花愈多時間奪取分數的人，好奇心愈易流失，但少了好奇心，也許只能在某個行業當個平庸者，很難成為開創者。

物理學獎的得主小柴昌俊在校成績並不佳，曾自嘲所有的時間都拿來胡思亂想，沒空理功課，當學校要辦他的個人展覽慶賀獲得諾貝爾獎時，他趕緊提醒校長：「成績單最好別放出來！」

山中伸彌是醫學獎得主，但他對看診卻興趣缺缺，喜歡醫學研究；通過基因重組，讓人類的普通皮膚細胞可以重返幹細胞狀態，這是得獎的理由。他說如果繼續從事醫療，自己可能只是一位平凡小鎮裡的美容醫生。

二〇一三年諾貝爾物理獎得主之一的彼得・希格斯，一九六四年發表了「希格斯機制理論」，並以他的名字「希格斯」命名新發現的粒子，也就是後來俗稱的「上帝粒子」，但這個讓他得獎的理論卻一度被眼拙者退件。

這些大人物，自己的人生卻是大小難題不斷，破繭而出的理由是因為他們喜歡自己所做的這一件事。

相較之下，在讀書萬歲的氛圍裡，種植有機疏菜與打籃球就稱不上什麼高貴行業，至少這些人在讀書考試這件事上未必可以勝任自如。

如果將「種植有機蔬果」與「科學園區的高科技人員」兩個職業讓父母來選，你猜答案會是什麼？答案呼之欲出。報紙上登過多位選擇放棄高科技行業辭職返鄉務農，種植花卉或者有機蔬菜的人，都經過家庭革命，父母尤其反對，因為他們用好工作與壞工作界定這兩件事。

只是日復一日、年復一年待在精密的廠區裡，從自己未必喜歡的工作，彷彿行屍走肉者，除了錢之外，一無所有。改當農夫卻一併改變了人生，這些人用高科技的種植方法、增加照明、網路行銷宣傳闖出一片天，更珍貴的是一併賺得了快樂。

「學術」與「籃球選手」也是兩個不同的行業，如果不打ＮＢＡ，依照林書豪的讀書天分可能會變成學者。這條路的確未必不好，但光芒肯定不如現在，擁有學歷、學位，純當學者，他也未必就是領域裡的一時俊彥。

得失難說，他在籃球的領域雖然未必事事順心，甚至經常謠傳會被交易，卻甘於承受、不畏挫折，谷底翻身的智慧令人稱絕，人最難學的勇氣他年紀輕輕便俱足，未來想必仍有風險，但他早有一片藍天。

陳美的小提琴演奏酣暢淋漓，很有韻味，但並不開心，旋律流洩著一股淡淡哀愁。索契冬運時她報名參加滑雪比賽，決定做一次自己，不再只當一隻順從的綿羊，勇敢追夢的新聞報導一出，立刻引來母親的翻臉並與之絕裂，但依年紀來看，那次如果不參加，人生大約就不再有機會了，她因而成了當次奧運「快樂的最後一名」。

陳美如果早一點學習滑雪，加入競技，也許未必能得到冬奧金牌，但卻可以使人生增添光彩一些。

意外讀到王靜寫的《靜靜的山》，除了感動之外，一併看見了迷惑，為什麼有人明知高山風險大，稍一不慎便命喪黃泉，卻無悔執著？為何有人會說即使殉山也在所不惜？王靜給出了她的答案。

她算傳奇女性，從打工妹變成上市公司創辦人，登頂過七座八千公尺雪山，三越極地，登珠峰前聽聞兩位好友山難，一度懷疑自己回得去嗎？

登上高峰真的不簡單，她在書中寫道：可是人生在世有哪一樣東西簡單的？事業、家庭、孩子、財富統統都不簡單，秒秒都是最後一秒。

珠峰再高，也沒有人生這麼高，她認為，生命所能創造的高度遠遠超乎想像。

攀登珠峰是她實踐人生的一種方式，用來超越自己。

「統統不簡單」幾個簡單的字，引動我的複雜思考，人生這麼多座「金字塔」，每一座都比珠峰要高，不易攀爬，但是座座都鑲滿寶石，藏了寶藏，如果不吃苦，注定是得不到的！

孩子不是父母「圓夢計畫」裡的最後一張拼圖，他們是自己生命的主人，自己做不來的，為何要叫孩子替你來圓？
每個人都有一片天空，站在上頭才是藍天。

貼心話：
文憑只是一張紙，能用、好用的叫「寶物」，不能用的叫「廢料」。

失之東隅，
收之桑榆

羅家倫的《新人生觀》是我最早期閱讀的散文集，文學功力不在話下，但他考北大時數學是零分；錢鍾書的《圍城》赫赫有名，被評為不可多得的作品，可是考清大時數學只有十五分；二〇〇六年諾貝爾文學獎得主是土耳其作家奧罕・帕慕克，他背負著家人的期望就讀伊斯坦堡理工大學學習建築學，但因志趣不合在三年後中途退學，成為全職作家，最後好不容易東山再起，才從伊斯坦堡大學新聞系畢業；二〇〇七年諾貝爾文學獎誕生了最高齡的得獎作家——萊辛，持續不斷的創作讓她獲得殊榮；廣告才子孫大偉的成績更是黑鴉鴉，曾被老師評為「該生素質太差」。

大師原來是人，不是神，沒有樣樣都會，只會自己最擅長的那一樣，便可因此而擁有桂冠了！

上述的這些人可能只因在校成績並不出色，還有一些人根本被說成智能障礙，甚至有些還得了先天殘疾，但並不損及他們的人生通往坦途。

學障大師

愛因斯坦是大科學家，「相對論」的提出者，被公認的天才，他的理論讓其他科學家研究百年，更有一些人因而榮膺諾貝爾獎。

達文西號稱擁有七個腦，身兼義大利文藝復興時期的美術家、自然科學家、工程師等等身分，他把科學知識和藝術想像有機的結合，思想活躍，從不迷信教條，認為藝術應該體驗人自身在自然之中獲取的經驗。

洛克菲勒，人類史上的第一位億萬富翁，擁有一個龐大的金融網，以大通曼哈頓銀行為核心，擁有紐約化學銀行、都會人壽保險公司以及公平人壽保險公司等百餘家金融機構。透過這些金融機構，直接或間接控制了許多工礦企業，在冶金、化學、橡膠、汽車、食品、航空運輸、電訊事業等各個經濟部門以及軍火工業中占有重要地位。

羅丹最著名的雕塑作之一是「沉思者」，最為人所知的則是他與學生卡蜜兒轟轟烈烈的愛情，他是法國有史以來最具影響力的雕刻家大師。

上述這些大師如果沒有我引經據典說明，多數人並不清楚他們在校求學時統統都有「學習方面的障礙」，曾在學業成績上出現大問題，是校方教學時的頭痛人物、老師特別不喜歡的學生。

人際關係障礙大師

夏卡爾的作品曾來臺灣展覽過，畢卡索如此評論他的作品：「從馬諦斯以後，他是唯一真正懂得色彩的人。」

英國物理學家、化學家法拉第，發現了電磁感應現象，提出電磁感應定律，第一個證明電荷守恆定律，提出電場、磁場、電力線、磁力線等概念，並預言電磁作用的傳播，以及光是電磁振動的傳播。

亞里士多德是古希臘哲學家，柏拉圖的學生、亞歷山大大帝的老師，在物理學、形上學、詩歌（包括戲劇）、音樂、生物學、動物學、邏輯學、政治、政府以及倫理學方面，全都成就非凡，與柏拉圖、蘇格拉底被譽為西方哲學三聖，是奠基者。

他們的成就都很非凡，人際溝通卻都有障礙，很難與人為友、融入社會體系，卻可以依靠獨立創作成就人生。

情緒有障礙的大師

達爾文的「進化論」至少我們都讀過，且略知一二，他是英國的生物學家、博物學家，早期因地質學研究而聞名，而後又提出科學證據，證明所有生物物種是由少數共同祖先演化而來的。

舒曼，德國作曲家、鋼琴家，浪漫主義音樂成熟時期代表人物之一。

尼采是德國著名的哲學家，對於後代哲學的發展影響極大，尤其是在存在主義與後現代主義上。

這些大師全部都是情緒失調者。

提出「克卜勒定律」，發現行星運動規律的克卜勒是視力障礙者；提出宇宙論，被時人稱之為「在世的愛因斯坦」的霍金，有身體上的重大殘疾；前五百年、後五百年，沒有可以跟得上其發明成就的愛迪生，則是聽障者。

這些真實例子旨在說明一事，天才的另一面很有可能是蠢才，奇才可能是「很怪的人」，傑出者可能如夏朝暴君——桀一樣暴戾，一流是成就者的陽性面，陰性的一面可能是不入流，這才是真實的人生實況。天下沒有十全十美的事，每個人都有優勢與現實中難以克服的劣勢，失之東隅，何妨收之桑榆。

貼心話：

樂觀的人看見優勢，遇見陽光；悲觀者看見缺點，便是陰霾。

各擁一片天

金字塔理論的精神是「各擁一片天」。

沒有人可以在人生之中全部勝出，也不可能有人全部失敗，即使我們與子女相比，也不會皆贏。我的文學底子勝過女兒，但她的圖畫遠優於我，許願當療癒系的插畫家；我對運動方面的知識優於兒子，但在運動本身，如籃球、羽球等等早不及他。重點不在於誰有多厲害，而是我們願不願意讓他「假以時日」，時間花得夠多，火候到了，便會成材，古諺說「大隻雞慢啼」，大約是慢工出細活的意思。我了解樹木，適合做家具的如紫檀、雞翅、花梨、檜木等等統統長得極慢，美麗的肌理紋路是歲月雕烙的，檜木溢流的香味也是時間烘焙出來的。

不止常人，即使有天生障礙的人也符合這樣的定理，《雨人》由達斯汀•霍夫曼主演，一部很好看的老片子，他所飾演的主角雷蒙是一位自閉症者，但卻一併擁有數學與邏輯方面的奇才，能快速心算，並具備令人驚奇的數學演算能力，腦筋如一部萬年曆，但人際關係是他的弱項，語言能力低下，數理則是強項、是他的天空。

《心靈捕手》是一部很有教育意義與深度的電影，故事的主角是位無師自通、天分卓越的微積分高手，可以解開各種難題。原職是工友的他，老是利用掃地時間，把教授出在黑板上要讓學生作答、卻無人作得出來的題目，振筆疾書寫出解答。

隔日教授總是喜出望外的發現解答，以為學生之中有哪位是數學天才、明日之星，經過多日暗訪才發現解題者是這一位年輕的工友。

女主角問他微積分的能力怎麼來的？他幽默的說：「我也不知道，我想貝多芬應該也不知道為何可以寫出流暢的樂曲吧？」他的微積分就如同音樂家之於音樂一樣，是天生的，不是後天打造出來的能力，每個人都可以分得上帝賜予的一小部分能耐，端看怎麼開採，如何使用。

逆境是人生常態，如果老看見不順的事那就一定不順，但我喜歡從逆境之中看見順境。

《天倫之旅》是一部撼動心靈的好電影，由老牌巨星勞勃・狄尼洛主演一位頗富盛名的指揮家，一心想讓兒女繼承衣缽，但四個孩子各有想法，沒有一個順從，親子關係因而疏離，一個個遠行追尋各自的夢，與他相隔千里。老父親退休後發現膝下無人，空虛寂寞，於是來了一趟天倫之旅。

他一站站拜訪兒女，花一段時間共處，慢慢打開彼此心房，孩子們終於說出了隱藏多年的秘密：他們覺得父親太過固執，給的壓力太大，讓他們的人生演成悲苦，一心遠離這個老傢伙。

父親步履蹣跚的啟程，一站站化解誤會，老大、老二選擇原諒了他，要去老三家的途中，劇情有了轉折。他因為同情流浪漢，準備從皮夾裡取錢時財露了白，流浪漢由討變成搶，一併搶走了包包裡預防心肌梗塞的藥；他因緊張過度心疾發作卻又無藥可吃，千鈞一髮時被路人發現緊急送往醫院急救，並且通知家人。老大、老二第一時間趕到，老四也及時飛來與他破冰，老三卻遲遲未來；最後電影破了題，原來老三受不了長年累月的壓力養成吸毒習慣，在一次藥物過量的意外中死亡。

這個結局讓我印象極深，看了三遍，畫面一直在此打轉不前，倒吸一口氣。如果父親可以早一點讓孩子圓他們自己的願，也許老三的悲劇便不會上演。

《太空船與獨木舟》一書給我同樣不凡的啟思，文憑主義不止是我們的專利，有時候連號稱尊重孩子的美國依舊會犯同樣的錯。太空人爸爸是美國移民外太空的先驅，理論被廣泛引用，尊為「外太空移民之父」，在學術領域裡占有一席之地，他非常期待兒子可以與他一起攜手前進，共闖星河，只是孩子一點都不感興趣。兒子喜歡海洋，愛上獨木舟，這兩種行業其實有一點相像，都很孤獨，可是父親覺得兒子應該與他一起才是正途，而且得擁有學歷，走進學術殿堂，父子因而衝突不斷。

即使父親用私人關係替兒子申請名校，他也不願前往就讀，堅持繼續獨木舟行程，最後父子倆再見面時竟然是在牢房。

兒子吸毒解壓，被逮並強制勒戒，經過幾番掙扎父子終於交心，談出心裡話。兒子希望父親能理解他，並且贊成他的想法，勇闖海洋，父親點頭了。親情的結一旦冰釋，兒子便有了動力，勤奮勒戒，出獄之後投入海洋冒險，很快便闖出一片天，讓父親以他為榮。一個天空、一個海洋，各擁一片天；一個博士、一個高中畢業，同等厲害，這便是令人省思的地方。

上帝開一扇窗，就關上另一扇門，沒有人有機會在人生行旅中獨領風騷，我們只能在大海中取一瓢飲而已，不可能擁有一整片大海。

《論語》一書記錄孔子曾經說過「吾不如老農」、「吾不如老圃」，以此強調專業的重要性，即使他是孔子，也未必樣樣勝於人，甚或大大不如人，指的正是「術業有專攻」的道理，人人大不同，個個有差異。

每個人都是獨一無二，不可能有兩個人一模一樣，特質不同、專業不同、人格不同，人所能發揮的只是自己的極致。

民族也是如此，白種人的優越只是一種可笑論調，漢人擅長於文字與語言，原住民則擅長肢體運動，美國人以科技見長，但愛斯基摩人則有很強的空間能力，他們在獨木舟建造與觀星技巧上很有成就，遠遠超越所謂的文明國家。此外，南島語系的一些民族，在音樂、舞蹈、樂器方面的才華堪稱一絕。

不同國家其實都有其認定資優的不同方式，讀很多書、懂很多字，在一個以游牧為生的民族裡是不管用的，他們更在乎如何把牲畜從一地移往另一地時，能保持高存活率，甚或增加牲口，用牠們換取更多存活的本錢。

才華的認定有很多不同的版本，不同的教育派別觀點未必相同，但都主張須發掘孩子的優勢，讓他因而得到自信，有了成就感方能勇往直前，圓出一個亮彩夢田。

貼心話：

「自己」是獨一無二的，誰能夠演得好，誰就是佼佼者。

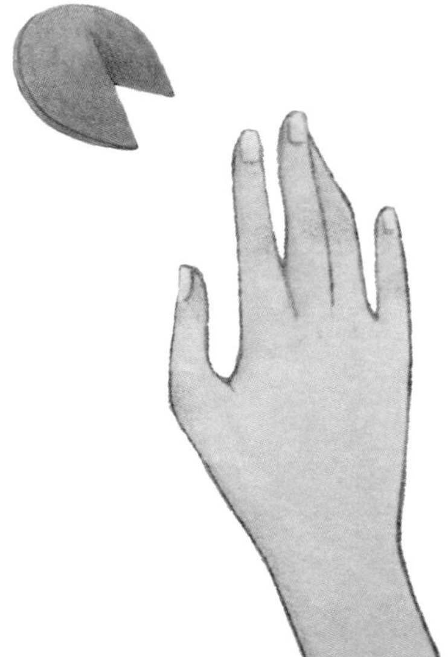

幸運在你手中

Chapter 6

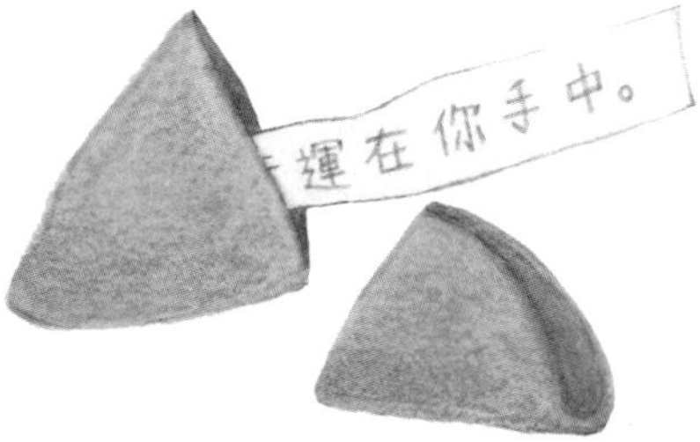

萬事都有投機之法，
唯讀書無取巧之門。

我在假日閒行跳蚤市集，花了十元買一本老舊版本的《成語故事》，翻閱之間不小心掉出來一張小書卡；上面便淡淡雅雅的印上這兩行字，藏著四溢的禪機，妙意十足，值得細細品味再三。

我突兀的想及家裡的農事。務農的父親，種過桃子、李子、金棗、柑橘、筍子、稻子……等等，每一種作物在他看來都是一個世界，有一套屬於自己的生命律令，完全不能套譜。筍子收成時，金棗還在醞釀，桃子早過了收成期；柑橘收成了，李子正在開花，同樣是八月，父親為不同的蔬果做不同的事，唯一相同的是「等待」，等下一個結果累累的時機。這是很有意思的體會，它們所需要的完全不同：土質不同、要求的水分不同、重肥或者輕肥不同、肥料裡含的氮鱗鉀比例不同、長出來的果粒大小不同、喜歡的人也不同，但是如果栽植得宜，則可以得到同樣的評價：好吃。

每個人都會自動用不同的標準評價不同的水果，這點有意思，一個好農夫未必要與別人一樣，栽種時下認定的高經濟水果。盛產的黑珍珠價格未必是一流的，反而跌價，只要種得好吃，無論是什麼作物，都可賣得好價格。

父親是好農夫，我則遺傳了一雙巧手，在屋頂花園裡種上四季瓜果，年年長得不錯。朋友問：「怎麼種的？」

「順其自然！」我說的是實話，學父親傾聽四季的聲音，該種瓜就種瓜，該二月栽苗的，別等到六月，大約就錯不了。

「夠吃嗎？」

「不夠！」

「夠成本嗎？」

「也不夠！」

「那幹嘛種？」

「就是開心啊。」

每天看著成長的點滴變化，結果累累且色澤繽紛，心情便快樂，更重要的是，我從中觀察理得一些哲思。教育何嘗不是如此，不要只顧著結果，才會有好結果；水到了，渠焉有不成之理？

孩子與水果一樣，不是我們手中操弄的傀儡戲偶，善待之、因勢利導才是良心，勿用成人的喜惡擺弄他的人生。莊子說，大樹未必有好下場，常被砍去當家具，雜木反而長得亭亭玉立。我與父親到果園裡工作，中午在大樹下休憩，一陣風便進到夢中，這些大自然經驗慢慢讓我發現了玄機。森林中不乏教育課，颱風天，森林裡的大樹全好端端的佇立，聞風不動，山下的行道樹卻倒了上萬棵。不隨意修剪順其自然長成的大樹，扎根深、枝幹平衡，反而擋住了強颱，但經由人為修剪的行道樹在颱風天反而弱不禁風，突顯出「順」與「逆」的道理。

作為一位農人，父親體會出很多事急不得。沒有那把年紀就不會有那樣的火候，那叫「經

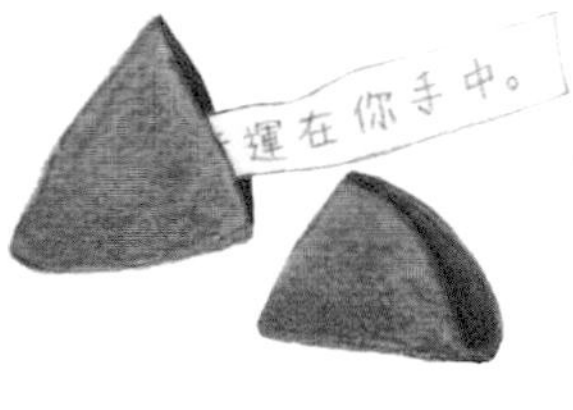

驗」；如同澆水，移行千里有時方懂，那叫「閱歷」；如同施肥，「等待」更重要，慢慢來還是能到。

原來人生更像一粒種籽，是一段澆水、施肥，最後靜靜等待萌芽的歷程。不要急趕猛催，有時快是慢、好是壞、大是小，每個人的特別之處就好比手紋，沒有兩兩相同的，只有用自己的方式書寫才是真的。

貼心話：

種籽撒了，靜候萌芽才是王道。

無意義的代價

中國涼山小鎮，出現一位百年一見的高考理科狀元，這是村子的喜事，他帶著眾人期待進了理想大學的好科系，畢業後卻成了流浪漢，四處飄泊。這個轉折彎度太大了，令人匪夷所思。父親苦尋多年，最後在網咖淚眼婆娑相會，時間頓刻凝固，父親撫摸孩子的頭髮深情蹦出一句話：

「吃飯了嗎？」

孩子曾是他的榮耀，讀書厲害、腦袋靈光，父親最喜歡參加學校家長會，因為那是他的光榮時刻，後來卻老閃著村子裡的人，最怕被問到：

「你兒子在做啥？」

事實上，這兒子最長的工作不過數月，覺得學非所用，缺乏成就感，因而很累、很苦，找不著人生意義，自我剖析道：「我會的好像只有讀書！我愛音樂，但現在離它很遠了。」

這則新聞，讓我沉思一夜，在冷雨低溫中，腦海旋出許多味道雷同的故事。

這樣的例子不止一兩個家庭發生，相同的、類似的，成千上百數不清，很多人聽完之後都說，怎麼跟我家這麼像？的確像呀！因為那是同一種制度下出品的，裡外全一個樣。

兩個孩子分別從法國、德國取得博士學位留學歸來的陳爸說，這兩個孩子都四十歲了，專業從未派上過用場，老說：「不適合工作！」連我都納悶那到底有誰適合工作？但若不工作，錢從哪裡來？

不適合工作？

藉口吧？沒有信心把工作做好可能才是實話。能夠在異鄉刻苦讀完博士學位，應該也非能力問題，那就是自信問題。專業不是興趣，易使本事折損，如此一來，再優異的人也會淪為失意人。

擁有一雙巧手的老吳，研究所畢業考上了郵政特考，雖是鐵飯碗，他卻一點也不開心，直說那是一分有錢可領的無聊工作，怨懟寫滿臉上。他是藝術家，卻當了朝九晚五的上班族，為錢而活，演出「人生悲歌」。

牙醫小丘說自己是提款機，埋怨三十幾顆牙齒有什麼好看的，忙得要死，根本沒空花錢，說自己哪是什麼醫生，只是時薪高人一級的奴隸。這些話從一個人人羨慕的醫生口中說出，就有點曖昧了，他賺到了錢，但失去有意思的人生。

有一天夜裡，臨入睡之際來了一通電話，語氣急促，絮絮叨叨說個不停。她自己報上名來，根據我的記憶可能是從前同校同學、隔壁班的班長，印象中溫良嫻淑，但很久沒見過面了，更具體的說法是，離開學校後就從未再見一面。但這次通話依照我的專業直覺猜想，她應該有精神上的障礙，也許還不到精神疾病的地步，但肯定覺得很困擾。到底發生了什麼事，讓這位原本曾是老師眼中的資優生，一夕之間人生轉個大彎，需要靠安眠藥方可入眠？她說忙於教書備課，時間不夠用，錢是賺了不少，但從未快樂。這樣值得嗎？重點是她並不喜歡日復一日這樣教著書。

馬來西亞華裔神童張世明被公認是百年難見的天才，當年報紙登得好大，轟動一時，號稱華人第一人，十歲可寫英文詩，十三歲獲得美國加州理工學院入學許可，創下該校最年輕新生入學紀錄，廿一歲取得博士，之後在美國從事研究工作。乍看之下前途似錦，事實上正好相反，他從此銷聲匿跡趨於平淡，據說一直苦於憂鬱，悄悄返回馬來西亞，卅一歲便英年早逝。

美國媒體登載這個消息，同時點出重點：年紀太輕就進入競爭激烈的美國社會，人生一再跳級，因而躍過美好童年；神童的封號讓他身心俱疲，承受高度期望造成性格巨變，孤僻與冷陌成就了這位天才的悲哀！

貼心話：

很多人都是以傲人天分當作起點，卻以悲劇寫下句點，「鑄成大錯」的理由往往只是做錯了決定。

文憑非萬能

《海角七號》的導演魏德聖曾幫《讓天賦自由》這本書寫過一篇推薦短文——〈找出自己那把鋤頭〉，文中提及二弟聰明靈巧，小二就可以組電動車，而他就相對笨拙了，什麼都不如人，學校功課更是糟透；上五專後唯一能求的便是順利畢業，直到退伍他才慢慢發現愛講話與愛編故事是天賦，而導演正是說故事給別人聽的人，於是就放手去做這件屬於自己天賦的事。

此外，他還另外說了一則小故事。兒子在臺北學騎腳踏車怎麼也學不會，但到南部鄉下第三天就會騎了，理由是他放手，孩子與同伴玩得很起勁自然就會了，他因而發現，喜歡與好玩才是動力，威逼是沒有用的。

在他看來，文憑根本不是萬能，讓天賦飛翔才是重要的事。

旅館經營的魔法師嚴長壽就是例子，他沒有大學文憑，卻可以在這個領域獨領風騷，成了意見領袖；他不是教育家，但能寫出《教育應該不一樣》，觀點比制式守舊的教育者還精采。

創意十足的設計師古又文當年選擇報考高職而非高中，他憑藉著不服輸的個性，發揮刻苦耐勞與不怕失敗的精神，走出一條自己的路。奇哥嬰兒用品公司的老闆兼表演家陶傳正，聯考考了兩回，才上了文化大學。打籃球的姚明、打棒球的郭泓志、打羽球的林丹還有功夫明星李連杰……，他們統統缺少偉大的文憑，但全是出色者。

有一年，臺中市宣稱在四十八小時內請來兩位「世界級大師」造訪，一位是盲人男高音波伽利，一位是建築泰斗安藤忠雄，他們在世界的舞臺上發光發熱，成為人人景仰的大師，他們沒有文憑，但具備了雄厚的實力。

也許文憑並非完全無能，但也絕非萬能。知識的真實目的往往被忽略，它不是炫耀品，而是「堪用品」。不能使用的學歷，無疑只是一張很大的紙，毫無用處可言。

研究指出，在學校表現得一無是處的人，反而更有潛能。為什麼？應該是更像一張可以隨意染色的白紙吧？沒有破壞，便擁有無限可能。這種人往往只是專心於自己喜歡的事，無暇管成績。

這些道理其實你我都懂，卻老是扮演後知後覺者，事到臨頭才發覺不妙，但已經後悔莫及。成績彷彿心理學實驗中的安慰劑，維他命被當成仙丹使用，還信以為真認定是靈藥。

人生是條寂寞單行道，失去的無法重來，沒有了就沒有了，與拍片演戲不同，NG還可重來。文憑真不是主義，每個人都該有自己的主意。

知識不是無用，但要讓它變得很有用。

極端氣候與人為砍伐，暴雨如注的機率日漸升高，現今的排水系統早現窘況，狂雨急落，城市淹成一座湖，操場成了游泳池；澳洲學者因而提出「海綿城市」的構想，重點便是改用高透氣、高含水、高承載的人工鋪面鋪設街道。

海綿城市的構思其實早就實現，明朝所建立的北京故宮地磚就是會呼吸的鋪面，水自然的洩入下水道，排進溪流之中。

生態茶的構想據說是採用「螳螂捕蟬，黃雀在後」的道理，以生物鏈的觀念打造出友善茶園，稻米、桑椹、菜園與花園其實也都可以用類似的方法。人們讓瓢蟲、白頭翁與綠繡眼等等成了免費的員工，鳥兒吃毛毛蟲、瓢蟲吃蚜蟲、螳螂吃蝗蟲，有效替種植者管理這方小天地，農藥、化肥、除草劑便完全不必使用。

知識不是榜單，不是用張紙來書寫出自己有多優秀，而是一道「證明題」，把所學的運用在生活。用這樣的標準來看，十八歲高中畢業就學會的人，比三十歲才博士畢業的人應該更聰慧一點吧，簡單的東西學那麼久才會，到底證明了自己的優秀、還是不優秀？

洛克菲勒告訴兒子小約翰：「書中的寶藏遠比金銀島上或者加勒比海海底，海盜所藏的珠寶還多；更重要的是，生活之中你可以無時無刻享用它。」

他還列舉培根、愛默生、惠特曼、莎士比亞等人的故事，我都很喜歡，尤其是關於蒙田的部分，字字珠璣，頗有哲思。但他提醒一語：不可死讀書，擁有一技之長才是關鍵，閱讀是用來讓自己的專業變得更加值錢。

貼心話：

分數是一組阿拉伯數字，考多少是多少；人生可不是數字，無法量化，甚至，我們不知道的極多，知道的極少！

勿信多才多藝

英國俗諺說得真好：

「一技在身，隨處容身。習百藝者，無處安身。」

這與鼯鼠五技而窮的提醒不謀而合：「能飛不能上屋，能緣不能窮木，能游不能渡谷，能穴不能掩身，能走不能先人。」雖說有五技在身，卻無一技專精，所以一技在身反而勝過百藝上身。

多才多藝並非完全不可能，古代中國便不乏這一類的人物，據說伊尹就是個多才多藝者。他作了商湯的右相，執掌商的大權，又被稱為「阿衡」。伊尹的歷史功績，就是輔佐商湯滅夏，建立起長達六百年的商帝國。

他被譽為「廚壇始祖」，從史料記述中可知，他幼年的時候寄養於廚師之家，得以學習烹飪之術，成年後成為精通烹飪的大師，也是中醫湯劑的始祖。

他以「媵臣」的身分陪嫁至商，媵臣其實就是奴隸，給商湯作廚子。他常利用侍奉進餐的機會，分析天下的形勢，數說夏桀的暴政，勸湯蓄積力量滅掉夏桀。湯因而發現伊尹的想法和自己的主張不謀而合，認定他一定是一個有才幹的人，就破格免去伊尹的奴隸身分，任命為右相。此外他還是一位軍事家，用兵的奇才，堪稱全能。

米開朗基羅是義大利文藝復興時期一位多才多藝的博學藝術大師，集雕刻家、畫家、建築家、詩人、作家於一身。畢生致力於創作，在長達七十餘年的創作生涯中，歷經坎坷，創造許多具有代表性的精美作品，為人類文明增添了不朽的篇章。

他的雕塑作品「大衛」直到今天，還是每一個學畫的人必須臨摹的教材，與李奧納多・達文西和拉斐爾並稱「文藝復興藝術三傑」。據說米開朗基羅脾氣暴躁、不合群，和達文西與拉斐爾都合不來，經常與人衝突，一生追求藝術的完美。

伊尹開心與否並無史料可考，但米開朗基羅應該不算開心，這樣博學的例子古代不乏其人，但也並非常態，屬於不可多得的人才，現今則很難得。在這個資訊爆炸的年代，想專精一事可能都難如登天了，何況樣樣精通。

我與不少才藝出眾的人當過朋友、同學，他們頭腦一流，才華一流，在學校的表現科科優秀，老師常常以他們為例，要我們與之看齊，當成榜樣。三十年之後重新檢視，卻發現優秀者亦平凡，同學會再聚首，第一不再第一，最後的也非最後了，人生幻化無窮真有意思，一時一刻看來是決定不了的。

我在精神病院裡當過差，見過不少精神病人，其中不乏奇人，有些還印象深刻。有位病人的腦袋彷彿一部電路配線圖，常有鬼點子。他是病人嗎？或者只是想法獨特的傢伙？他的循輸電系統，講得口沫橫飛，我常聽得出神，他則笑得開懷。

他的計畫其實很有創意，務實一點也許便管用了，他是電機系的高材生，笛子吹得極好，舞跳得很棒，還畫了一手好畫，如此才華洋溢的人，為何會住院？

多才多藝的高要求是受傷的來源，他成了名副其實的「化身博士」，星期一到星期日有忙不完的課程，口訣是：週一數學，週二英文，週三小提琴，一週過一週，一月過一月，年年歲歲花相似，歲歲年年人不同。最後壓力終於溢了出來，成為精神囚犯。

這些人如果不要什麼都會，一輩子只專精一件事，據我推論，每一個人都可能是某一個領域裡的佼佼者。

貼心話：

多才多藝是神話，會一樣才能全心全意，會兩樣是半心半意，會三樣可能三心兩意，會到四樣就是分明找死了。什麼都會的，他叫超人，會飛，還敢內褲外穿。

鼓勵勝過責罰

有一天，我心血來潮告知年逾八十的媽媽：「你真漂亮，如果當年有選美比賽，你一定是冠軍！」媽媽笑得極開心，合不攏嘴，連假牙都因太過興奮而掉了出來。過些日子只剩我與她在家，媽媽一個閃身來到我的眼前：「你那一天講的話是真的嗎？」她的表情極為認真，眼中透著想知道答案的渴望。

「真的啊！」

我毫不考慮給出答案，這下媽媽足足高興三個月，歡喜得不得了。讚美這件事不止孩子喜歡，老人也很喜歡。

其實我們都有過被讚美而開心不已的經驗，例如：「你好棒哦！」如此的溢美之詞真會使人春心盪漾，快樂得不得了。不僅孩子喜歡被說：「真厲害！」「好強！」「怎麼辦到的？」「可以教我嗎？」這類正向的話，我們何嘗不是？買一件漂亮的衣服便贏來讚美：「穿在你身上簡直美呆了！」聽了也一定開心不已。

為何要讚美？

每個人都有優點、強項，這是專業的來處，每個人都希望最出色的部分能被看見，成為出眾的才華，獲得掌聲，不是嗎？

鼓勵就是——看見別人的優勢並且告訴他：「你很棒！」

「一直讚美會不會把孩子慣壞了？」我在演講時常被提問。基本上除非你講的全是謊言，否則沒有這種後遺症，它只會使人開心不已，絕無副作用。

鼓勵是人生的助行器，有了它便可以大步向前，往美好亮彩的方向前進。鼓勵還能給人自信，至少代表一個人最出色的一部分真的被人知曉了，只要假以時日，當有可行之處。

家中務農，種過一些農作物，竹筍園得在春初翻土，之後施肥，初夏才會慢慢長成可賣的筍子，這些喚醒的動作很像「鼓勵」，輕聲叮嚀它：「好好長喲！」金棗得除草，以免雜草搶去植栽的養分；橘子要長成粒粒飽滿得先疏果，長五粒也許只留三粒，某種程度上這些動作也很像鼓勵，讓每一顆都長得鼓鼓的，營養不外流。鼓勵的確具備這樣的意圖，讓那植株強健的、優秀的得到充足的養料，忽略劣勢的。

為什麼要處罰？

是因為不打不成器嗎？教育學上沒有任何一項研究證明這個道理。一件優質的茶壺除了大師的作工之外，重要的還有土質，那是用「篩」出來的，要在同樣的土中找出最好的部分才能做出一把價值連城的「顧景舟大師茶壺」，胎土與大師相得益彰。

劣質土做不出名器，如同一個人不可能用最貧弱的部分成為領航員一般；優點被看見了，得到的是自信，缺點帶來否定，便只剩自卑了。

美國發生過幾樁慘絕人寰的殺人魔事件，其中一位是名醫，用他的專業在針劑之中加上氰化物，殺了三百多人；最後行刑前破例讓記者專訪，他談及這段惡魔般的歷程時，一再重複著「不快樂」三個字。

我在臨床上聽多了這些傷心話，病人之中不乏被認定優秀的，但學非所用，厲害的慢慢變得不厲害了，不是強項的反而成了一生的職業，該鼓勵的被否定了，快樂的魔術師、風姿綽約的音樂人、翩然起舞的舞蹈家，一下子化成烏有。

虎媽虎爸有一陣子頻頻上媒體，新聞加重語氣，用口味極重的表現手法告訴家長這樣做有多好，例如誰的女兒因為老虎般的逼迫所以考上名校，荒謬的觀點簡直令人匪夷所思。問題出在人的表現至少可以分成兩大部分：外是外顯，如成就、分數、學校、收入等等；內是內在，如動機、情緒、快樂、開心、滿足等等。內在事實上遠比外在重要，EQ不佳的人，人生很難美好。

一再的責備很容易影響人格，一旦扭曲了，想要矯正便很困難。「傑」這個字是「桀」與「人」的合體字，而桀是夏朝的暴君，莫非暗指傑出的人會凶暴？「優」也可以拆成兩個字：「人」與「憂」，表示優秀者常常很憂愁嗎？「木」與「奉」合起來是「棒」字，表示很棒的人需要棍子來侍奉嗎？這些全是我的說文亂解字，但不無意思，可以想想。

讚美似中藥，溫和、性補、調體質、重塑內裡；處罰如西藥，快速有效、但有副作用、會傷身。棒子打出來的英雄，鞭子底下的人物，恐怕在心靈上會遍體鱗傷，人格變形。

三十年前的鄉下，上大學都是難事，要考上醫學系、藥劑系更難，這兩種人都是有讀過書的知識分子，按理說應該受到尊重，可是我的家鄉有位藥劑師，村人都不喜歡他，甚至很討厭他，原因就出在陰晴不定的性格。他常與人起口角，罵人無數，老的也吵、小的也吵、無所不吵，還會用刀子威脅人。

他在一個要求成績、分數的家庭裡成長，是被虐待形塑出來的知識分子，小時候藤條不離身，經常挨打，性格因而扭曲。

放風箏是大學問，收放自如並非易事。風與線是有關係的，要飛得高，線是關鍵，線放愈長飛得愈高，馭風飛行才是魔法，沒有收的放一定會斷線，收收放放，方可自由遨翔。

讚美與處罰便是這樣的原理，如果你希望孩子未來是用最優質的部分去演人生，那請用鼓勵讓他長出翅膀，尋找藍天的方位。

貼心話：

責備，尤其是打，最大的問題是人格的影響。打有可能帶來成就，但帶來更多的是親情的流失。

行行有狀元

報紙登載父母的抗議：「跟程度差的學生在一起上課，老師怎麼教呀！」這話讓人聽了心裡揪著，老把自己的孩子認定為超凡入聖真是好事嗎？自家的孩子是天才，別家的孩子只要成績不如人就叫他們蠢材，無法匹配在一塊上課？這種觀念下成長的孩子如果沒有遇上貴人，人生真的堪憂，人格難保不會出狀況。

分數如果可以證明誰是天才，教育這件事就不複雜了。

我的書房離視線最近的地方躺了一本多年前赴大連演講時，如獲至寶購得的《金字塔頂：他們是狀元》，它是我的案頭書，心血來潮便信手翻閱，偶有感思。設計者巧妙運用三尊傀儡當成封面，姿勢作擺動狀，樣子滑稽至極，怎麼看都有諷刺味道。

前言寫道：「一九〇五年九月二日，隨著一紙皇帝諭令，在中國持續一千三百多年的科舉制度畫上句號，這座金字塔轟然倒塌，從此之後，千百萬個士子，不必再為登上狀元而臥薪嘗膽了。」

一百多年過去了，科舉的確早已杳然無蹤，但考試的魅影卻依舊，只是把狀元更名為名校好系而已。

書中洋洋灑灑寫了一大串狀元郎，我才疏學淺，真的叫得出名號、說得出功勳、講得出貢獻的，寥寥無幾啊！王維算是我最熟的，有人說：「李白是天才，杜甫是地才，王維是人才。」他聰明過人，九歲能賦詩，懂音律，熟琵琶，十七歲寫出「每逢佳節倍思親」的千古名句，二十一歲考上狀元。他的詩與禪畫並列，詩中有畫、畫中有詩，並且添得禪意，「江流天地外，山色有無中」寫得多好，留詩四百餘首。

柳公權是臨摹書法的字帖之中除了顏真卿最常見的書法家，我壓根沒有料到他是狀元郎。看來會考試的都很聰明，十二歲能吟詩作賦，成年後通經術，曉音律，最愛的是書法，汲取歐陽洵、褚遂良等人的菁華，創出了「柳體」，與顏真卿並列，被世人稱作「顏筋柳骨」。柳公權的另一特色是敢於直言，大臣膽顫心驚，他面不改色直犯龍顏，唐文宗稱之為「諍臣」，他剛正不阿的個性完全表現在書法的體例上，他是狀元，卻轉個彎在書法上卓然一家。

演講時我提及文天祥是狀元，令一些聽者驚訝，有人還以為他是武將。我查核過資料，他的確在宋寶佑四年（一二五六年）中了狀元，生不逢時，保護皇帝一路南逃，在五坡嶺兵敗被俘，忽必烈勸降他不從，最後在元朝大都（現在的北京）就義。那是一座三合院的老房子，而今被當成文化古蹟保留，我早年曾拜訪過，佇立良久，醉在歷史，思考過往幽情；文天祥永垂不朽，但與狀元全然無關，他忠心耿耿，寫下的詩詞全充滿了蒼涼悲壯、激昂陳詞的味道，如《正氣歌》與《過零丁洋》。

陳伯玉、孫伏伽、陳遜、王世則、彭教、張升、朱熠、龍汝言等人也是狀元郎，我便真的完全不熟了。黃賡我有些許印象，陪崇禎與金人一路戰到一兵一卒的勇士，最後出家為僧；對於李億這個人的印象一直停留在他的愛人——秦淮河畔的藝妓魚玄機——身上，至於本人我便知之甚少。

從隋文帝開皇七年起始，直到光緒帝下令結束，共計一千三百一十八年的科舉長河中，產生過八百八十六位狀元，真正在文史上有貢獻者寥若晨星，典章制度的設計者更屈指可數，至於自然科學上的研發則名存實亡，造紙、印刷、指南針、火藥，中國自豪的四大發明，好像都不是出自文人之手，與科舉無關。

考試與成就的關連性這樣看來似乎是薄弱的！

當然並非一開始就是如此，唐朝也有科舉制度，卻創造出盛唐的強大，主因在於它的科舉很有特色，任用人才不拘一格；不限明經、進士兩科，還有明法（法律）、明算（數學）、道舉（哲學）、一史（歷史）等等，靈活多樣的科目，因應社會需求不斷變化，使科舉的名目五花八門、無所不包，在任用取人的大前提下給了極大的自由彈性。這樣的唐朝，解決了一部分九品中正制的門閥主義問題，從而真正搜羅到人才。唐代，無論從那一個視角觀之，都很像德國教育。

持平而論，科舉仍有優點，至少讓底層的人有加官封爵的機會，在當年那個沒有更好方式尋找文官的年代，的確培養出很多人才；我們所讀的文字優美、讓人沉醉的唐詩宋詞作者，多數也是由科舉拔擢的，例如柳宗元、白居易、李商隱、杜牧、顏真卿、紀曉嵐、林則徐等等，他們都是進士及第，舉人出身，但非狀元。

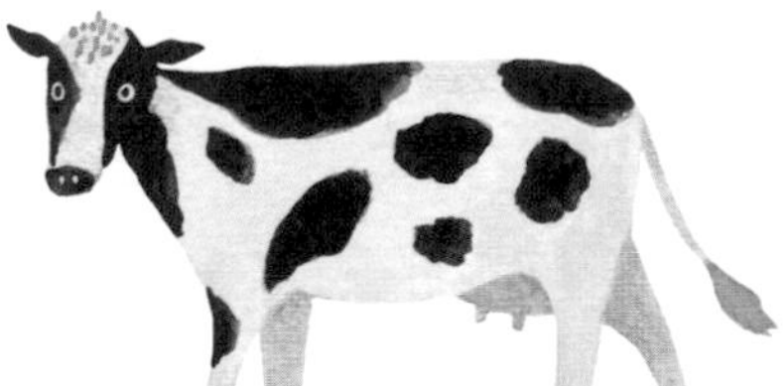

科舉壞處也不少，這是真心話，士子過於熱衷功名，只知讀書考試，鎖起門來寒窗苦讀，知識分子出現了許多像「范進」一樣的殉道者，本末倒置，科舉制度本來的用意是選賢舉能，怎知會走火入魔千年。

科舉之害最突出慘烈的莫過於「八股取士」，在一個框架裡寫文章，同一個模子印出來的，怎會有創意？

千百年來的考試一直狹隘在獨尊儒術的範圍之中，排斥多元文化，只講詩賦文章，在四書五經中流連，忘了與時俱進。八股成了一座密不透風的堅固之牢，把人的心智全關閉了，掙脫不出桂冠名位，近代美其名「適才適所，順性開發」的新觀點，骨子裡依舊有著「萬般皆下品，唯有讀書高」的分數餘毒。科舉制度摧殘了多數知識分子的高度、遠見與厚度，視野小了，坐井觀天能看見什麼？可能就只剩斤斤計較與抑鬱不得志了吧？

歷史的考據如是，現今聯考體制得到的結果亦然。大陸教育家剛剛通過對九百多名高考狀元的追蹤考察，並發表其研究結果：狀元不可靠！

七成的狀元在大學畢業後便化為平凡或者銷聲匿跡，其餘三成，即使有所表現也不特殊，沒什麼作為。

考試考不出天才，這一點是可以確定的，即使是真的天才也往往與瘋狂就在一線之隔，嘔心泣血之作往往是失心換來的，真的很悲情。

被認為天才者反而不承認自己有什麼天分，魯迅說：「哪裡有天才，我是把別人喝咖啡的工夫都用在工作上的。」

托爾斯泰認定：「天才的十分之一是靈感，十分之九是血汗。」

於爾・勒納以為的天才是：「最強而有力的牛，他們一刻不停的，一天要工作十八小時。」

常春藤大學校長的畢業致辭裡告訴即將離開學校的學生：不要相信完美，人若為了追求完美才踏出第一步，會錯失很多機會，邊做邊學，方是良策。

別怕失敗，天底下沒有任何一位成功者是一步登天的，大底都經歷了失敗；而失敗這件事通常不是真的失敗，而是被解釋成失敗，如果我們不這樣去解釋，失敗便是一種有意義的經驗了。成功只是一個點，到達成功之前全是失敗。

活出自己的重要性，就沒有人可以取代你，名校的光環在畢業後就煙消雲散了，重新開始，學歷只是提供吸收學問的方法，而非萬能妙方，如果能夠依它而行，打造出一個美好的自己，就是天才！

貼心話：

天才是火炬，燃燒的速度是最快的，很多事慢慢走才能行得更遠，如果一步便登了天之後呢？

壓力需要出口

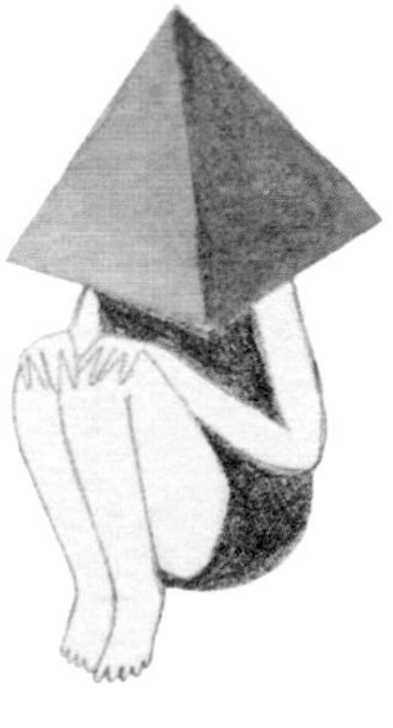

有些人認為壓力可能會自己拍拍屁股走掉，一陣風似的了無痕跡，這是謬誤。壓力如果不去解除，不但不會離開，還可能成為怪獸，吞噬心靈。

「北捷殺人事件」之後，電視與廣播節目緊急敲下幾個通告，要求我用專業的角度解析。為了講得頭頭是道，我讓自己在書房裡靜下來思考，理出了一些頭緒。

他真是凶嫌？

抑或只是個徬徨無助的孩子？

傷人的他根本沒有逃走的意圖，意思是……哀莫大於心死？一心求死，根本沒有想活的意圖，殺人是因為想同歸於盡。果真如此的話，那是為了什麼？

兩眼無神一心求死的隨機傷人者，可能不是十惡不赦的凶犯，而是被教育戕害的活死人，過得槁木死灰，生不如死。

時間真的無法倒帶，苛責實屬無益，與其痛罵這一家人，不如當他們是「菩薩」，用了「怒目金剛」的形式強迫我們反思，從這個悲劇中找出來龍去脈，防止下一個或者下下一個可能犯案者的出現，如此才是功德。

教育到底出了什麼錯？我曾與一位大學生對談時聽到這個說法：他喜歡生物，卻讀不了生物系。

為什麼？

因為分數不夠，但我真的很喜歡！

教育的本質的確是希望天賦自由，制度卻常限制住這個自由。

唉，這算哪門子的教育？

我知道生物界裡有很多很有成就的人，都是堅持突破的追夢人，達爾文是，《昆蟲記》的作者法布爾也是，他們都成就美好天空；只是教育總不能依賴這些特例者，而必須是一套制度。制度規劃成熟，孩子便可學其所愛，分數決定喜好，畢竟不是好事，能掙脫的通常只有智者，一般人很難天蠶變的。

如此一來，學非所用或者學非所愛的壓力便悄聲到來，現實生活的壓力的確無所不在，天天都有進來的與出去的，剩下的裝在一口「壓力箱」保管。心理健康者的壓力指數可能只有三，心理失調者的壓力指數是七，多數人在三與七之間游走，三很平穩，七便失控了，必須替壓力找發洩出口，才不至於滿溢。

如果沒有解壓，殘餘的壓力會囤積，堵住的話通常會出現兩種現象，往外溢了出來，那叫「外射」，最常見的是攻擊行為；什麼都不說像個悶葫蘆的，最後心靈發臭，那叫「內射」，最嚴重者是自殺，這便是「壓力運作方程式」。

責備、漫罵、處罰、嫌棄、只看人缺點的家是惡魔島，壓力會倍增，把人狠狠的往家門口推出去，成為心的流浪者，這樣的孩子容易沉淪，人生失去方向。

鼓勵、讚美、看優點、說好話、適時肯定的家是心理診所，「好孩子」、「好棒」、「好厲害」這些會讓人心花怒放的話是處方，家會因而成了避風港，即使狂風暴雨，有個溫暖的家，就啥也不怕了。

只會說不會聽的父母最傷孩子，改成只聽不說會好很多，孩子在這個不算公平的社會機制裡最需要我們的心靈力量叫作「支持」。你支持他，即使陷在深坑，他也爬得出來，萬一不支持，即使在淺灘他也可以溺水。

「說」是渲洩，沒有對錯，如果孩子有苦願意說出來，至少已經將父母視為好朋友，講得出口的問題通常已經減除大半，怕的是有口難言。

請切記，一個用心聽話的好父母勝過十位心理醫生，真正的醫生是你不是我，你是「內人」，我只是「外人」呀。

「聽」是妙方，可以聽出玄機，教育專家提醒父母，人只能做他會的，很難做他不會的，而會與不會則是一體兩面，選會的遇見陽光，選不會的就是陰霾。你一定聽得出來他最愛什麼？職業無貴賤，喜歡就好，學廚藝就會化身米其林大師。

研究顯示，從事自己喜歡的工作會活出開心，活出自信，活得很曼妙，如此一來，壓力自然頓減了。

心理學家迪尼相信，人需要有知音與好友，至少三五位，顯見其重要性。一起打球、一塊談心、織人生的夢，不要阻止這些美好的事，孩子的人生裡不該只有讀書分數，其他的一無所有，這樣會荼毒他的心理健康，即使有一天真得了錢也不會幸福。

不必那麼忙，百年一生需要的不多，請別想要太多，花盡光陰。錢也不是萬能，可以缺錢不可缺心，不要只有期待，還需要關懷，這才是孩子想要的。

讓他運動吧，都讀八小時，真是夠累，如果他想打球請答應，別老說要考試了打什麼球？做些讀書考試之外的事吧，如果你能，當孩子球友是不錯的選擇。

山水是很好的解壓劑，假日不要老要求孩子讀書再讀書，爬山、浮潛、單車環島、溯溪、旅行等等都是好活動，「荒野保護協會」等是有意義的社團，解壓療癒他們在行。

最後請讓孩子有機會好好休息，三十歲之後靠的不再是學歷而是體力，人生走得再長一點什麼事都可能發生，由態度組成的為人處事之道更是魔法。

人本非超人，不可能永不止息的轉動，休息是最好的自療，也才能走出更長遠的路。

貼心話：

任何孩子都需要一位懂得疼惜的父母，如此一來，即使人生之中仍有風浪，也會有風平浪靜的一天，繼續朝向夢想。

作家作品集 70

讓天賦飛翔—放對位置，就是追夢天才

作者—游乾桂
責任編輯—楊佩穎
協力編輯—余順琪
美術設計—葉 芸
執行企劃—林倩聿
校對—游乾桂、楊佩穎、余順琪
董事長—趙政岷
總經理
總編輯—余宜芳
出版者—時報文化出版企業股份有限公司
（一〇八〇三）台北市和平西路三段二四〇號四樓
發行專線—（〇二）二三〇六—六八四二
讀者服務專線—〇八〇〇・二三一・七〇五、（〇二）二三〇四・七一〇三
讀者服務傳真—（〇二）二三〇四・六八五八
郵撥—一九三四・四七二四時報文化出版公司
信箱—台北郵政七九～九九信箱
時報悅讀網—www.readingtimes.com.tw
電子郵件信箱—ctliving@readingtimes.com.tw
時報出版臉書—https://www.facebook.com/readingtimes.fans
時報出版生活線臉書—http://www.facebook.com/ctgraphics
法律顧問—理律法律事務所 陳長文律師、李念祖律師
印刷—詠豐印刷有限公司
初版一刷—二〇一四年十一月七日
初版三刷—二〇一七年十月二十七日
定價—新台幣二八〇元

國家圖書館出版品預行編目 (CIP) 資料

讓天賦飛翔—放對位置，就是追夢天才 / 游乾桂著 .
-- 初版 . -- 臺北市 : 時報文化 , 2014.11
面； 公分 . -- (作家作品集 ; 70)
ISBN 978-957-13-6110-9(平裝)

1. 自我實現 2. 成功法

177.2　　　　103020599

ISBN：978-957-13-6110-9
Printed in Taiwan